A los lectores de esta edición para China,
con el deseo de que encuentren en estas páginas
inspiración y elementos de utilidad que sumen a
sus esfuerzos por ser cada día mejores,

希望中文版的读者能够在书中得到启发，
在字里行间找到有用的元素，
从而让各位的生活日日进步。

——马科斯·德金托

可口可乐全球副总裁
分享世界著名品牌的经营本质

Notas desde la trinchera

Una visión fresca y sincera de un alto
ejecutivo sobre la vida y la empresa

战壕笔记

〔西班牙〕马科斯·德金托

孟鼎博

译 著

浙江人民出版社

图书在版编目（CIP）数据

战壕笔记：可口可乐全球副总裁分享世界著名
品牌的经营本质 /（西）马科斯·德金托著；孟鼎博
译 . — 杭州：浙江人民出版社，2021.1
ISBN 978-7-213-09865-9

Ⅰ . ①战… Ⅱ . ①马… ②孟… Ⅲ . ①可口可乐
公司—企业管理—经验 Ⅳ . ① F471.268

中国版本图书馆 CIP 数据核字（2020）第 191927 号

浙 江 省 版 权 局
著 作 权 合 同 登 记 章
图字：11–2019–385 号

**战壕笔记：可口可乐全球副总裁分享世界著名品牌的
经营本质**

[西班牙] 马科斯·德金托　著　孟鼎博　译

出版发行：浙江人民出版社（杭州市体育场路 347 号　邮编：310006）
　　　　　市场部电话：（0571）85061682　85176516
责任编辑：陈　源　何英娇
营销编辑：陈雯怡　陈芊如
责任校对：杨　帆
责任印务：刘彭年
封面设计：新艺书设计
电脑制版：九章文化
印　　刷：杭州丰源印刷有限公司
开　　本：710 毫米 × 1000 毫米　1/16　　印　　张：15.5
字　　数：177 千字　　　　　　　　　　插　　页：2
版　　次：2021 年 1 月第 1 版　　　　　印　　次：2021 年 1 月第 1 次印刷
书　　号：ISBN 978-7-213-09865-9
定　　价：68.00 元

如发现印装质量问题，影响阅读，请与市场部联系调换。

欢迎来到我的字里行间，

一场战役正在上演。

但我会试着让你安心，

不要跟着我的话语，

只有紧张的感觉。

……

我力尽所能，

让敌人掉以轻心。

我们踽踽独行，

直到风云变幻。

那些遭遇背叛之人，

如朝圣者般精确降临。

降临在这个被我们抵制的，

诗歌的黑暗年代。

——莱昂纳德·科恩（1972年）

首先做一下自我介绍，我是马科斯·德金托。

才疏学浅的我不知该如何起笔，只能借用科恩诗集《奴隶精神》中的开篇诗句。虽然用了同样的开头，但科恩的书肯定比你手中这本精彩万倍，不过我会努力不让你失望。

数年间不知有多少人追着我让我写点什么，于是这本书诞生了。可当我写完的时候，这些人还要求我"在序言中解释一下为什么要写这本书"。这好像就是让我用不开玩笑的口吻说："我开个玩笑，你们就知道我刚才讲的是不是笑话了。"[①]

我按要求写完了，结果人们还在问我为什么写书。

显然，我写这本书的主要动力就是源自出版社不停地催稿。出版社的专家们预料到，有人对我在商界摸爬滚打了36年的想法和经验感兴趣。商场如战场般残酷，我幸运地在枪林弹雨中活了下来。

但我认为，请求我写这本书的原因，并非我的所作所为有多么了不起，而是他们希望我将自己所有的经验与想法记录成册，以供各位借鉴。

这时，雷德利·斯科特的电影《银翼杀手》中的复制人罗伊·贝利（Roy Batty）的谢幕台词闪过我的脑海。

我曾见过你们人类难以置信的情景，

我目睹了战船，在猎户星座的边缘中弹，燃起熊熊火光。

我见过C射线，划过"唐怀瑟之门"那幽暗的宇宙空间。

可所有的瞬间，都将湮没于时间的洪流，

[①] 出自伍迪·艾伦《如何一劳永逸地终结文化》一书。我没有剽窃，引用而已。

就像泪水消逝在雨中。

死亡的时刻，到了。

我并不在意自己的所见所闻如雨水般消逝，但我在意我的所思所感能否留存。如果在同一个地方跌倒两次，我就会扪心自问："你对得起自己以前经受的教训吗？"

我写这本书的目的并非是要怀念昔日的荣光，而是出于对未来的希望。我希望这本书作为见证者、接力棒，将我的力量传递给下一个同伴。

对过去的缅怀是一个陷阱，或许会很甜蜜，但终究会让人裹足不前。我们要在过去的经验中寻找灵感，而不是躲在里面不肯面对未来。

我希望这本书既有趣又实用。希望它有趣到让读者爱不释手，更希望它实用到被读者做满笔记。

我刚开始工作时，对商界一无所知，我无知地认为它就像是大学的延伸，一切都在完美的监控之下。考了高分、取得了成绩自然就会得到奖励，知晓一切试题的答案便能一往无前。但在企业里，并非如此。学习不代表一切。老板之所以能成为老板，是因为他们永远将一切都准备得最为充分，并将一切因素控制在自己手中。

无知让人高枕无忧。

当我还是孩子的时候，母亲开着她的西雅特600型汽车送我和兄弟们一起去上学。那时汽车还不甚普遍，所以一切都相安无事。唯一不同寻常的是，开着那辆小小的车牌为M-340024的西雅特的母亲，是少数拥有驾照的女性之一。在我和兄弟们的脑海中，从来没有交通事故的概念。我们对交通安全的无知使我们远离了许多恐惧……要知道，那时候的汽车是没有安全带的。

数十年之后，作为一名经验丰富的驾驶员和一名拉力赛选手，当再次坐上母亲的副驾驶座时，我会有一种惊悚的感觉。

人就是这样，知道得越多，越会发现自己的缺点、身边的错误和危险，就会顾虑得更多。

这种经验对管理一家企业来说也同样适用：你的经验、知识越丰厚，你就越会发现企业中有太多地方值得改进，就算是你之前一直奉若神明的老板也不能掌控全局。"超人"一样的老板们在繁杂的事务中跌落凡间，在一次又一次的挑战中为企业的生存而战。

在企业的巨轮里不断向上攀登，终于有一天，你从人群中脱颖而出，登上了巨轮的甲板，却惊讶地发现，甲板之上的世界巨浪滔天，舵手在拼尽全力与海浪搏斗。有的人在海浪的冲击下又逃回了甲板下的世界……而有的人则选择留在上面，帮助舵手一起抓稳那该死的船舵。

还有最差的一种情况，那就是登上甲板之后，发现根本无人掌舵，一切都让你头晕目眩。

俗话说，当你不再拥有头发时，才会找到梳子。幸运的是，我仍然还有头发，而本书就是我想分享的思想梳子。当记下这本书中的每一个要点时，你就已经把商业战争的子弹装上了膛！

除了生活，没有人教你怎样生存；只有大海，才能教会你如何远航。

没有哪本书比得上亲身的经历……但对那些正要在商海扬帆的人来说，提前吸取一些前人的经验有益无害。

正在走向职业生涯的人们啊，这本书就是我为你们准备的礼物。

第三章　人为因素

第四章　团队的艺术

第五章　裸泳的经理人

第六章　未来已来

ONE

CHAPTER

第一章

成功和不服从

1. 成功只存在于他人眼中

我们都会倾向于渴望未曾拥有的事物，却并不珍惜自己所拥有的一切。

有趣的是，我们认为自己所缺少的事物往往就在身边，却对其视而不见。尤其是在提到无形资产或一些抽象概念（例如"成功"）时，这种情况更为普遍。

可能在世界上有一个普世的成功标准，其中包括经济地位、专业认可、一定的知名度和我们心目中理想的生活方式。如果事实确实如此，这些也可能是我们对现状最为不满（或想要追求）的方面。

当我们看那些"成功人士"时，我们看到的只是自己希望从他们身上看到的东西，只看到了他们目前拥有的一切，却忽视了这些人也有自己的追求。与此同时，我们也忽视了自己所拥有的一切。

人们常常羡慕别人西装笔挺，却忽视了那些光鲜外表下的伤痕。

> 人们常常羡慕别人西装笔挺，却忽视了那些光鲜外表下的伤痕。

3

其实我不太了解"一个成功的人"的定义，但我理解永不放弃的奋斗对一个人来说意味着什么。我个人倾向于将自己定义为"一个保有尊严的幸存者"。

生活对我来说从来都不容易，我也不太有能力改变它。但是随着这本书的出版，我终于完成了人生的三件大事：写书，生子（我有3个孩子，还有一个即将出生），种树（我与世界自然基金会西班牙地区的总干事胡安·卡洛斯·德奥尔默曾多次造林）。每当我合上双眼，往昔种种就会在我的脑海中翻涌不停。我在非常年轻的时候就登上了一列奔腾的火车，顺着人生的铁轨向前驰骋。一路上我收获了很多，甚至包括一些不需要的东西。作为代价，我放弃了大把的个人时间。现在，我正在努力平衡我的生活。

我一直对人们关于时间的不同看法很感兴趣。何塞·玛利亚·德尔阿科是我在可口可乐的前同事（于1982年6月和我在同一天加入公司）认为，尽管工作占用了他90%的时间，但他自己甚至用不完剩下的10%。

如今，我很难想象如果当初我没有在一份已经记不得长什么样子的报纸上面看到可口可乐的招聘启事，并投了简历的话，我现在的生活会是什么样子。

我加入可口可乐西班牙分公司时只有23岁。当时我对生活几乎一无所知。我站在人生的十字路口，对即将到来的家庭责任和职业生涯也一无所知。但是它们散发出来的魅力就像一锅可口的浓汤，随着36年的烹煮，愈发香醇。

正如我所说，人们只会看到自己渴望的东西（比如他人的成功），而忽略了其背后的一切。这就是为什么我认为成功只存在于别人的眼中，他们只看到了自己的欲望。

生活就是生活，无法用印在名片上的头衔替代。我们不要为了"名片"出卖自己，重要的是享受生活，享受旅程。

首先，我们要做的就是消除恐惧和偏见。

当爱德华多·彭塞特（Eduardo Punset）在2007年与我们合作创建幸福研究所时——当时这个概念还没像现在一样泛滥——我把幸福定义为"没有恐惧"。

我解释一下吧。假定有两个完全相同的人，有着同样的伴侣、同样的工作、同龄的孩子在同一所学校学习，如果其中一个人一直在担心自己明天可能会失业，那就会产生一系列后果：他的伴侣可能会对他不忠，他的孩子可能会在学校门口被碾过。因为从逻辑上讲，他生活在恐惧中，注定不快乐。如果另一个人能抵抗这种恐惧，那么他肯定会过上一种更为愉快、更少痛苦的生活。

我觉得痛苦这种感受不仅令人恐惧，还非常无用。自小时候起，我便在努力驱赶生活中的痛苦。这是一种很复杂的操作（无论是生活中的痛苦还是工作中的痛苦都很难驱散）。我也不希望我的孩子们遭受任何痛苦。只有经历过多次重大选择的人才会明白，选择让自己满意的生活，远比选择简单轻松的生活重要多了。

其次，我们唯一要带的"行李"，是我们自己的尊严。

有些人可能不会把尊严放在人生旅途的大箱子里；有的人可能会用袋子装好尊严，再放一些小东西进去；而有的人则带着自己的尊严，双手插袋就上路了。

> 只有经历过多次重大选择的人才会明白，选择让自己满意的生活，远比选择简单轻松的生活重要多了。

2. "抵达终点" 不是目标，而是结果

我从未想过要"抵达终点"，也从来没考虑过要身居高位。我当时进入公司的唯一目的，就是在几年后能好好休个假，去探索三条横穿撒哈拉大沙漠的路线中还几乎无人探索的那条。对，探索沙漠曾经是（至今依然是）我的兴趣所在。

但是我依然被命运裹挟着到了这个位置。

我认为，当你做自己喜欢的事情时，其过程往往就会变得很顺利，人们也会注意到你的成绩。相反，当我们不太重视自己的工作时，一切便会变得不顺，而且其终将无声无息地"杀死"我们。

正如我所说，我从未想过自己的成就能到达什么样的高度，我只是为了家庭不得不奋斗——虽然工作繁忙，出差频繁，我经常会忽视家人。

记得我在担任可口可乐德国分公司市场总监的时候，公司里很多管理岗位的工作人员都来自金融领域。他们中的很多人对财务工作兴趣不大，但是由于营销部门的前景不如财务部门，所以他们还是从营销部门跳到了财务部门，期待改变自己的职业规划。

当你做自己喜欢的事情时，其过程往往就会变得很顺利，人们也会注意到你的成绩。相反，当我们不太重视自己的工作时，一切便会变得不顺，并终将无声无息地"杀死"我们。

但对他们来说不幸的是，20世纪90年代中期，在道格·伊维斯特（Doug Ivester）和塞尔吉奥·齐曼的领导下，公司为我所在的营销职能部门提供了更多的机会，而财务部门的机会寥寥无几。用齐曼的话来说，他们将业务命运交给了那些"把豆子带回家的人"，而没有交给那些"简单地数了数豆子的人"。

因此，来自营销部门的我就被推至高位了。

说句实话，我认为你不必放弃任何事情。放弃（就像那些调换部门的人）永远无法保证成功，还会使自己的生活痛苦不堪。

我遇到过很多人，他们努力地为了自己的渴望而改变形象；他们放弃了自己所喜爱的事物，生怕它们哪一天"帮不上忙"；他们改变了着装方式，把座驾从越野摩托车换成了大众高尔夫……他们彻头彻尾地改变了自己。但到最后依旧一无所有。

大多数人最终不会实现自己的梦想。但只要有梦想，他们就会一直努力，为了梦想能够放弃眼下的幸福生活。

但是，活在梦中无法让你过上自己想要的生活。

我们要弄清楚这一点：目标可能实现，也可能永远都无法实现。我们的人生不是为了实现目标，而是为了在通向目标的道路上奋斗。因此，一个懂得如何享受这趟旅程的人，会比那些因为无法到达终点而落落寡欢的人得到更大的回报。

在纽约的一次会议上，他们问了一个让我倍感骄傲的问题。我当时就笑了出来。其实我的答案很简单：我能够在这些年中保持"自我"，是因为我没有改变自己的习惯，我的宝马GS巴黎—达喀尔特别版摩托车也没有换成大众高尔夫。

我们的人生不是为了实现目标，而是为了在通向目标的道路上奋斗。因此，一个懂得如何享受这趟旅程的人，会比那些因为无法到达终点而落落寡欢的人得到更大的回报。

3. 没有反抗就没有进步

可口可乐业务的先驱罗伯特·伍德拉夫说过："世界属于那些不满意的人。"没有什么比这句话更真实了。

当一个人对自己的工作充满热情时，他会全身心地投入到工作中去。就算碰到了失败，他也会用这股热情找到改进和成功的方法。

一个严密的组织倾向于维持现状，实现总体平衡。然而，正是那些"不满意的人"才会将它带离"舒适区"。他们试图做出改变，并在改善流程的过程中做出贡献。

我记得有一段时间在可口可乐总公司内部无端崇拜起了一种指数——购买意向指数。我们在任何国家或地区投放的电视广告都要达到一定的购买意向指数等级。但是在西班牙，我们观察到这样一个现象：那些购买意向指数不高的广告，也会在实际销售方面取得良好的结果。我们的市场研究部门（赫苏斯·加尔拉多领导的这个部门可能是整个公司中最棒的部门）发现了一个明显的事实：在购买意向指数测试中，那些极具理性和解释性的广告

一个人只要不计较功过得失，他的成就将不可限量。

得分更高。但在现实生活中，那些充满激情的广告才会吸引人们的注意力。因此，我们需要将购买意向指数乘以一个类似于"侵入性指数"的系数，才会得到一个较为准确的"说服力"数值，这样才能更好地预测广告对销售的影响。

我不想回忆起那段和总公司较劲的日子，他们一直要求我们坚持之前的统一标准。当然，我们不会服从。我们不愿意将预算浪费在那些不会为品牌带来良好效果的广告上。过了很久一段时间后，亚特兰大方面（译者注：可口可乐公司总部所在地）才接受了我们的"例外"。后来，我们这种更为直观的公式慢慢在其他国家和地区的分公司也得以应用。当然，我们没有得到知识产权之类的奖励，也没有听到总公司对自己决策失误的合理解释。但正如罗伯特·伍德拉夫所说的那样："一个人只要不计较功过得失，他的成就将不可限量。"

哲学家汉娜·阿伦特强调："每种动物都生活在自己的世界中。"确实，人类只能感知到有限的颜色和声音范围，因为我们的感官没有办法接受更宽的波长或频率范围。尽管所有的生物都活在同一个地球上，但他们之间的想法却受制于感觉器官的局限性。在企业中也是如此，有的人就是天生的异类，可以发现别人探测不到的机会。

我们有的时候会认为"某种东西超出了我们的认知范围，但它确实存在"，这是扩展思维的最佳开始。好奇心和智力上的躁动是进步的最佳动力。

从职业角度来讲，我一直在努力远离舒适区。我倾向于忘

好奇心和智力上的躁动是进步的最佳动力。

不服从不仅可以带来巨大的好处，还可以发现解决旧问题的新方法。

记我所掌握的东西，努力去探索自己不知道的领域。尽管我在大学里学的是计量经济学——因此我对可口可乐公司所拥有的最好的市场研究部门抱有极大的兴趣——但我拒绝一开始就加入这个部门。我决定在运营领域学习新的知识。从那时起，我开始从单一的人才变成了多面手，直到最后成为可口可乐公司的执行副总裁兼全球营销总监。

我一直在考虑这样一件事："如果事实不是我们认为的那样呢？如果发生了和假设相反的情况怎么办？"这些思考指引着我和我的团队不断挑战官方的思维。

有时回头看看，我觉得在可口可乐公司这30多年，我居然没有被解雇，简直是一个奇迹。因为我从小就习惯违抗命令。

当我在可口可乐西班牙分公司做营销工作时，有一位法国的新同事打电话问我，如果想要开展广告活动，需要亚特兰大方面以何种程序审批。当时我的大脑一片空白，因为我似乎知道有这样一个审批程序，但我从来没有遵循过。我一般只在西班牙公司征得同意后就开始做。除非进行一些"非常特别"的策划案，我才会联络全球营销总监。不过这时我也并非要去遵守什么"通知仪式"或"审批流程"，而是要在一些细节上寻求建议而已。

不服从不仅可以带来巨大的好处，还可以发现解决旧问题的新方法。

在著名的"比利时危机"[①]中，该国错误地将大规模中毒的原因归咎于可口可乐。后来这个中毒事件被证实和可口可乐无关。当时我们在西班牙的危机公关反应非常迅速，在没有总公司指示的情况下就立即行动了起来。

当时，在公关部门还没有建议我们行动前（他们建议的做法是利用新闻发布会作为交流平台，这是危机公关的常用做法），我们就决定自行从比利时收集信息为大众答疑。我们每天在西班牙的各大报纸[②]上购买至少两个版面，用来向人们通报比利时事件的最新情况。我们因此可以牢牢掌握话语权，用以提供比利时分公司的真实情况，以免事实被记者们自行"解读"。要是单单召开新闻发布会的话，记者可能就会按照他们自己的想法写文章了。

这些广告的花费令人震惊。同时，熬夜在办公室写广告耗费了我大量时间，广告负责人费利克斯·穆尼奥斯·拉萨罗的不断催促也让我很头疼。后来报纸停掉了我们的广告版面。当时我们已经意识到了巨额花销和声望受损会在财务报表上造成巨大的影响。但我们先斩后奏的行动，削减了对企业的一部分负面影响。在企业竞争中，负面影响对品牌的打击是致命性的，我们很高兴可以及时止损。

这种策略（我们的其他业务也没有循规蹈矩）取得了巨大的成功。我们的广告达到了无与伦比的效果。当时，每天人们早上读到的报纸、听到的广播甚至脱口秀节目都在帮我们向公众披露最新的信息。这些信

---

① 1999年6月，比利时和法国的一些中小学生在饮用可口可乐后中毒。一周后，比利时政府颁布禁令，禁止本国销售可口可乐公司生产的各种品牌饮料。可口可乐公司因此遭受了历史上鲜见的重大危机。

② 几乎覆盖了西班牙的所有报纸——除了《Gara日报》——这个决定后来给我带来了一定的问题。

息帮助我们摆脱了大众信任危机。在危机爆发一段时间之后，比利时政府认为这场风波的起因不能怪罪于可口可乐，而且著名的医学杂志《柳叶刀》称出现的这种病症为"社会原发性大规模疾病"（MSI）[①]。这次危机使得可口可乐比利时地区的高管在当地政府大选之前就被迫离职，大选以后该地区的业务也起色不大。

在新一届政府就职之前，当局就对可口可乐公司展示了过度干涉的姿态。他们只想通过攻击可口可乐来掩盖自己的失职。正是他们的这种错误方式，才导致了之前让当地农民损失严重的禽类危机。

但是最后，真相重现光明。

为此，我在西班牙付出了巨大的代价，购买了几乎所有报纸的广告页面。虽然我没指望可以弥补这些花费，但幸运的是，亚特兰大总部在全球范围内签订的保险订单帮我们解决了资金问题。

幸运的是，结局很好。

最奇怪的是，从那时起，许多公关机构开始把我们处理危机的方式称为"最佳操作方式"。他们开始认为用新闻稿代替新闻发布会是一种"值得考虑的有趣选择"。其实我们公布这些技术细节是为了让我们的信息在公众面前不被歪曲、误解。

只有不服从既定的规则，才能探索做事的新方法，从而取得进步。

---

① 《柳叶刀》杂志在1999年7月3日报道："这次暴发的许多特征都指向大规模的社会原发性疾病，该病症的定义为'器质性疾病症状，但没有可识别的原因。症状多出现在相近的人群中'。MSI多发于同一学校、工作场所、社区或同一政治压力环境下。特点是女性和青春期患者居多。多由媒体、家庭关系网和电话传播；同一环境中同种人群之间易相互影响。在报告发病的人群中，多发现有异常的身体或精神压力。可能会重复暴发。"

4. "规矩"的困境

有很多公司受"规矩"、模型和工作方式的约束。

"规矩"的优势不可否认：流程标准化、通用语言、一定的效率……但"规矩"也会造成懈怠。当形成一套完整的流程时，团队会变得放松，也会借此逃避责任："我们循规蹈矩了，不是我们的错。"而且，"规矩"还会让人在面临新挑战时，不再产生创造力。

我承认没有规矩不成方圆，但我一直没有喜欢过规矩、指南或者守则这一类东西，甚至连经济模型我都不喜欢。

模型是一种简化的现实，它们可以帮助我们简单地分析事件。但它们根本不完善，永远无法涵盖"全部"现实。

有的人脱离了模型就不会走路，好似醉汉一样抱在模型这根"电线杆"上。诚然，我们需要了解模型，但是一旦情况和事实不符，就应该跳出条条框框自行思考。

对可口可乐这一品牌来说，产品生命周期（西奥多·莱维特，1965年）、产品组合分析（波士顿咨询集团，1973年）或竞

诚然，我们需要了解模型，但是一旦情况和事实不符，就应该跳出条条框框自行思考。

13

争优势（迈克尔·波特，1985年）等理论根本不适合它。自1886年以来，可口可乐一直在增长，是"牛市"和"明星"产品，用这些理论对它进行测算徒劳无益。

简而言之，当现实表明模型不起作用时，请不要怪现实没按模型的套路发展。

在一次国际会议上，我们的市场研究总监赫苏斯·加拉尔多和一位德国同事就消费者行为的技术问题进行了热烈的讨论。讨论结束时，德国人显然拒绝了他的论点，德国人看了看他，然后大声说："好吧，我接受你所说的它在现实中是如何工作的……但在理论上会起作用吗？"

我无话可说。

我的团队中的另一位成员佩德罗·安东尼奥·加西亚曾经说过："我们的业务部门不按规矩出牌地开展业务。"时至今日，回头看看，我觉得我们做得还远远不够呢。

5. 如果被解雇，就让我们自己干吧！

20世纪90年代后期，我曾供职多年的可口可乐德国分公司的经营状况每况愈下。当时的首席营销官塞尔吉奥·齐曼制订了一个为期60天的计划。每60天，亚特兰大的团队就会向可口可乐在埃森的办事处派出专人，审查和指导德国分公司的工作。

可以想象，这段时间德国人几乎没怎么专心做业务，他们花费了大量的时间准备一些平淡乏味的演示文稿，然后每60天就要等待总部来的"黑衣人"对他们指手画脚。那些"黑衣人"一到达（他们基本没有做什么准备工作），就将德国团队提出的大部分建议更改或直接撤销。

简而言之，结果就是业绩越来越糟。有趣的是，这支完全没有实现自己想法的德国团队纪律严明地完成了亚特兰大要求他们去做的事情，但是他们后来都被解雇了。而亚特兰大的那些人呢？他们有些人还升职了（尽管多年以后没人留下）。

当这个团队被全员解雇的时候，就可以确定，产生业绩越来越糟的情况并非他们自身的错误，其实还有其他错误因素。

没有比将每天的工作都当作最后一天的工作更省心的方式了。但是我们坚信，要凭着自己的良知对企业尽心尽力。

有时候，正确的事和我们期待做的事之间有着很大的不同。我一般倾向于做正确的事。

阿尔伯托·罗德里格斯·托克罗（曾任可口可乐西班牙分公司运营总监，后升任总经理）管理下的可口可乐公司非常"民主"。在他手下工作的那几年里，我只要能达到目标业绩，即使用自己的工作方法也不会有人说什么。换句话说，我们只要为总部赚了足够的利润，他们就不会在纪律方面找我们的麻烦。我们此刻就如真正的"海盗"一样，可以自由航行。我们不仅获得了自由（行动自由），还赢得了人们的认可。

在我主管伊比利亚地区可口可乐公司的那些年，我的员工都像"海盗"一样，他们的组成非常多元——能力、经验、性格、思想甚至工作态度都大不相同。但他们有一些特质很相近，那就是高智商、富有激情和奉献精神。

当然，仅拥有最好的员工还不够，还必须要保证他们在未来也保持最佳状态。我一般通过激发他们的好奇心来实现它。

我的队伍不是一支整齐划一的军队。在我看来，他们更像是一个爵士乐团。我随便给一个音符，他们就会即兴创作出一段段优美的旋律。这可比听那些纪律严明的交响乐美妙多了。

与这些"纯种动物"一起工作不太容易，但如果能够不让他们互相撕咬而且朝着一个方向飞奔的话，你就会发现，他们的业绩已经一飞冲天。

有时候，正确的事和我们期待做的事之间有着很大的不同。我一般倾向于做正确的事。

当然了，你要给千里马奔驰的空间，不然他们就是栅栏里的绵羊。

有一天，我接到了一个来自亚特兰大的电话，打来电话的是负责可口可乐世界范围内对外联络的人。当时的情况是，绿色和平组织似乎要在全世界范围内抵制可口可乐，但唯独西班牙是例外。我们的总公司觉得很不可思议，就想知道我们到底做了什么。

当时我也不了解具体情况，我打电话给佩德罗·安东尼奥·加西亚·洛佩兹（Pedro Antonio Garcia Lopez）询问情况，他当时是我们的对外关系总监，也是我所认识的最杰出的战略家之一。佩德罗告诉我，当时绿色和平组织在西班牙的负责人胡安特索·洛佩兹·德乌拉尔德和我们保持着良好的关系——不像我们的总公司那样，在全球范围内和他们交恶。在时任美国总统乔治·W.布什拒绝签订《京都议定书》后，胡安特索致电佩德罗，询问可口可乐西班牙分公司对此的看法。看来，佩德罗对这份议定书的看法与绿色和平组织的看法完全一致。

与此同时，亚特兰大方面也与佩德罗进行了交谈。他们还要求我尽全力制止他。我当然不会这样做了，我们一起抵御住了他们的狂轰滥炸……或者说我们都快被炸蔫了。

几周后，我和西班牙的灌装厂商一起前往瑞士，他们要和时任联合国秘书长潘基文会面。当时恰好可口可乐的时任董事长兼首席执行官内维尔·伊斯代尔也在瑞士，我们在一个小餐厅一起吃了一顿饭。席间，我跟他详细聊了聊绿色和平组织会对我们造成什么影响，以及我对亚特兰大方面试图强加给业务部门的"意识形态"所持的不同意见。其实这个方式很冒险，但内维尔是一位有才华的绅士，他对我所说的内容很有兴趣。

我告诉他："我认为我们正在犯错误，我们掉进了一个陷阱。企业本身不会思考，有想法和观点的是企业里的高管和基层员工。如果我们想把所有人的良知强加于个人（不管我们有多敏感，也不管我们生活在哪个国家），就会面临着巨大的风险。所有的敏感性都必须得到尊重。如果我们不这样做，我们就有可能在被问及'可口可乐信奉什么宗教'时不知如何回答。"

内维尔饶有兴致地看着我，我知道他被我说服了。

"当然，可口可乐不信奉任何宗教，信仰取决于个人。在可口可乐公司里，我们信奉的东西和人数一样多。事实上，我们中有基督徒、穆斯林、印度教徒、佛教徒、神道教教徒、犹太人、新教徒、不可知论者或无神论者。但他们就任何意识形态问题相关的立场，都和我们保持了一致。"

内维尔思忖再三，口中念念有词，一直重复着："可口可乐信奉什么宗教？"接着他笑着点了点头。

在那一刻，我知道这个问题已经被解决了，不用再多说了。没有什么比为聪明的上司工作更令人满意的了。内维尔是能领导公司面对重要问题，且能改变社会态度的一名总裁。在他上任之前，这些问题并不总是能得到可口可乐总部的回应。因此，我无比尊敬、爱戴他。

他的继任者穆泰康（Muhtar Kent）对这些变革进行了进一步的推

动。正是穆泰康的努力，让我们的变革达到了无法想象的高度，尤其是在争取妇女权利的努力方面，对此我们从未想象过。

永远不要向压力低头。如果你认同公司的理念，就做自己认为合适的事吧！耸耸肩、摇摇头、按部就班工作、按时领取薪水，也不是不可以，但当你想到自己没有做有意义的事时，就会感觉很沮丧。

我可以想象那种感觉，不过幸运的是，我不用感受那种沮丧。

耸耸肩、摇摇头、按部就班工作、按时领取薪水，也不是不可以，但当你想到自己没有做有意义的事时，就会感觉很沮丧。

6. 成功是学习成功最好的导师

如果我们不知道如何自我管理,成功就会不可避免地让我们变得自满、安于现状且不知天高地厚,让我们丧失进取的动力。这就是所谓的"死于安乐"。

当一个业务部门业绩不佳的时候,通常会引发恶性循环:糟糕的结果会导致母公司和上级对业务部门不信任,导致他们开始削减可预见的预算(日常费用和投资),以求降低损失。在这种情况下,业务部门的经理们会变得愈发紧张,他们开始害怕失败,在"规矩"中寻求庇护……其实这个时候我们应该选择冒险,因为重复可以预见的行动,会使你再次重复不良的结果。

如果我们反其道而行之,业绩有所起色的话,就会带来更多的投资和预算(只要不被削减就是胜利,鉴于我们的成绩,要求额外的资源也有可能被满足),团队就会充满动力——我们会得到更多的奖励——团队便会变得更有开拓精神。重复的成功就这样出现了。

进入成功的良性循环之后,重要的是不要松懈,因为成功是失败的第二大成因。

如果我们不知道如何自我管理,成功就会不可避免地让我们变得自满、安于现状且不知天高地厚,让我们丧失进取的动力。这就是所谓的"死于安乐"。

有人说失败是良师，但我认为从成功中学习经验更为重要。

当然了，万物皆可为师。但是在我看来，人们有时候会有些夸大其词。"从失败中学习"的方法会让失败听起来不那么难堪。我们一般还是会对失败者说："上帝啊……你必须在失败中学到点东西。"如果你要是对他们说："你已经很光荣、帅气了！"听起来就有一些尴尬了。

要对失败进行认真而诚实的分析，并且共享分析结果，得出一个可以在今后避免失败的结论，那么这样的"失败学习"就是有意义的。

但是如果分析了失败原因之后，仅仅撰写了一份让我们自我安慰，实际上写完之后就锁在抽屉里（或者放在地毯下）的报告，我觉得还是不要浪费力气了，这还不如让我们的父母教育一下我们更实在。

正如我之前所说，真正要学习的是如何成功……成功似乎不是那么普遍的事。

1998年，我去亚特兰大总部介绍下一年西班牙分公司的商业计划。记得1996年我回到西班牙的时候，对当时的业务结构产生了极大的反感。1996年底，我制订了一个"革命性"的计划①，该计划在1997年取得了令人瞩目的效果。有了出色的成绩和雄心勃勃的计划，我胸有成竹

---

① 1996年，我向当时的董事长道格·伊维斯特介绍了即将在伊比利亚半岛开展的商业计划。当时他坦率地说，那一年所有的演讲都是垃圾……他对所有的演讲都很失望，直到他听完我们的演讲。其实我的演讲也并非有多高深玄妙。我在演讲的最后15分钟，展示了一个"特别计划"，他认为那是在他可口可乐任职生涯中听到的最美妙的事。2017年该项计划重新启用，并再次赢得了组织的信任。

地站在了领导们面前。一切都非常顺利，直到塞尔吉奥·齐曼询问我生意为什么会这么好。我的回答很简单：团队表现出色，自然业绩就好。但是塞尔吉奥对我的回答不太满意，继续深究在西班牙业务发展如此出色的原因。

我当时没有想到还要回答这样一个问题。因为我知道，在业务出现问题时，我要扎实地准备所有原因并到亚特兰大汇报。但是，当我们业绩不错时，就应该站在红毯上，等待别人拍着我的背说"干得不错"就可以了。因此，当发现塞尔吉奥对我的回答不太满意时，我惊呆了，像一盆冷水当头浇了下来……这是我第一次因为出色地完成任务而感到羞愧！

不过，塞尔吉奥肯定猜不到我成功的原因。

经过一段寒暄之后，我回到了西班牙，和市场研究总监赫苏斯·加尔拉多会面。我们的目标是对这次成功进行详尽的分析。赫苏斯建立的模型可以将销量与某些因素（例如价格或气温）独立关联，但不能以多变量的方式关联。赫苏斯和我在一起可以用纯粹的数学语言交流，只要在黑板上写满公式我们就能明白对方的意思。我是一名毕业于马德里康普里顿斯大学的"计量经济学家"。我当时就读的学院和另一个学院合并之后（两个学院几乎都没有明确的就业方向，基本都是纯粹的数学研究），我们就只能称自己为"某某学家"了。

我们当时做出了可口可乐公司内部的第一版市场差异分析（MVA）模型，这可能是公司成立以来最复杂的销售预测模型。这个1.0版的模型可以帮助业务部门规划销售方案并合理利用资源。

当然，有了这个模型我就可以向塞尔吉奥解释我们成功的原因了。最重要的是，我可以向他展示一个前人从未想到过的分析方法。他的这一点关于业务成功的兴趣令我获益匪浅，也帮助了公司，促使我的团队萌发了当时其他公司所没有的思想和方法。如今MVA（我认为是5.0版本）已经不像最开始那么复杂原始了，已经发展出了ARMA模型、ARIMA模型和Vensim程序等多种变体。

时光飞逝，我现在已经不能和赫苏斯一起在黑板上算出公式了。

赫苏斯虽然英语说得很流利，但是却利用数学语言在市场研究和建模上树立了里程碑。他从来没有浪费时间去"自我推销"。他说他的时间永远不够用，而且这份工作对他来说就足够了。

尽管赫苏斯是我们跨国企业中最有价值的专家，但他从未想过离开西班牙。当我搬到亚特兰大时，他无奈地同意重新规划我们的全球研究部门。为此他不得不为了工作远赴亚特兰大，然后时常回马德里看看他的家人。

企业会对员工施以巨大的压力，加上赫苏斯自己难以置信的责任感，导致有一次在罗马召开的世界性会议上，赫苏斯的精神崩溃了。那天晚上，我原本要在公司的全球营销部门的闭幕晚宴上担任主持人，但我没有出席。

在人们吃着晚餐讨论发生了什么的时候，我已经陪着赫苏斯上了救护车。警笛长鸣，我也和他开起了玩笑。我跟他说，我都不会注意到这样的痛苦。

不过开心的是，赫苏斯逐渐康复了。

从此，我学到了一个很棒的教训：我不应该将一个我敬重的人（或者是我爱、我重视的人）置于如此巨大的压力之下。

因为，有时候或许我那样做有自己的理由，但是对方可能会因为我们之间的感情而选择被动接受。

TWO

CHAPTER

第二章

战略和营销

1. 感性动人，理性服人

其实，我们每天都在消费一些营销的产品，虽然有时候我们并不知道。通常我们面对的是它最为熟知的面孔——广告。但这仅是巨大蛋糕上的一层糖衣而已。这个蛋糕层层叠叠，有些甜蜜，有些则不然。

我始终认为，我的经理人生涯是以"营销人员"这个身份为主的。无论如何，我都不会抛弃这个身份。

对营销人员来说，成为可口可乐公司全球营销部门的总裁是一个远大的梦想。这个梦想就好像设计师要成为香奈儿公司的设计总监、篮球运动员要成为洛杉矶湖人队的队长，或者指挥家要成为柏林爱乐乐团的指挥一样。

用自己的双手和心灵去维护"品牌精髓"是一种荣誉和责任。我认为，可口可乐这个品牌多年来一直屹立不倒、名列前茅的原因是，可口可乐这个品牌是属于大众的。它不仅仅属于我们公司，我们只是尽自己所能让它变得更好而已。

这是超越我们这群人的一个品牌，就算我们不在这工作，

可口可乐这个品牌多年来一直屹立不倒、名列前茅的原因是，可口可乐这个品牌是属于大众的。

它也会一直存在。

在我和它的命运紧密相连的这段时间内，我做了两个非常重要的决定。首先，我构思并实施了"一元化策略"（以"可口可乐"为唯一品牌）。我们将可口可乐单列为一个品牌，所有产品都采用同样的设计和风格，并保证可口可乐最重要的配方和原材料保持一致：最基本且最重要的就是糖。其次，我们发起了"品味"可口可乐活动，旨在重新定义可口可乐的味道。对此，我会在下文中进行解释。

对我而言，营销是科学与艺术的综合体，目的是为了影响大众购买商品的决定。

为此，营销人员要了解人们的需求和目的，包括潜在的、直白的、隐藏的、有意识或无意识的需求和目的。了解人们的这些想法后，我们才能有针对性地提供产品或服务，让人们各取所需。

品牌是一种承诺……而一个好的品牌，是始终如一的承诺。

菲利普·科特勒说过："营销不仅仅是出售产品，而是要让人们知道产品生产过程的艺术。"但大多数时候人们对产品的生产过程一无所知。运动鞋（与运动饮料相同）的销售对象是从事运动或者或多或少从事专业运动的人。如今，这些产品并非仅仅针对运动员，久坐办公室的人也会购买它们。那些穿着运动鞋坐办公室的人，也会觉得自己是运动鞋的使用者。

在科特勒看来，"没有品牌的商品，仅仅是初级产品"。差异化是一切营销的基础，通过这种差异化催生出品牌效应，这就是确保我们今天的努力能获得回报的原因。

在可口可乐公司看来，"品牌是一种承诺……而一个好的品牌，是始终如一的承诺"。当你购买名牌产品时，你会对消费体验抱有非常准确的期望。但当人们购买大量不同产品的时候，就不太确定会获得怎样的消费体验了。

20世纪的一些争论已经随时间过去，对流行音乐贡献最大的人是披头士乐队还是滚石乐队？最好的足球俱乐部是巴萨还是皇家马德里？最好的营销公司是宝洁还是可口可乐？这些争议都已成为历史。

总的来说，我们谈论的是两种营销流派：一种是理性营销学，主要以产品质量为代表（例如宝洁）；另一种是感性营销学，主要以可口可乐为代表。

理性营销学的营销理念以简单建议为主。例如，"买我，因为我洗得很白"，这种方式通常是一把双刃剑，因为在解释为什么必须要购买这种产品的时候，它无意识地介绍了消费者有一天会停止购买的原因。

可能有一个竞争对手说："我能洗得更白。"或者另外一个竞争对手说："我洗得一样白，但更便宜。"事情就这样一步一步发生：那些以理性营销为基础的品牌因为其他品牌的竞争而销量下滑，市场份额和领导地位也不断被蚕食，最后，企业减产、裁员，慢慢陷入历史的尘埃中。

理性因素并非消费者对品牌保持忠诚的重要因素。

就像一个人在选择伴侣时那样，理性通常不是最重要的主导因素。如果理智占了上风，那他们就会通过学历、语言甚至跳舞水平来寻找伴侣。假如我们遇到一个全方位都比现在伴侣更为优秀的人，那该怎么办呢？人生并不如此，它自有一套工作方式。

莱昂纳德·科恩在他的一首诗中写道：

我承认我打算去找，
通行证或伪造护照，
亦或说一门新的语言。
爱我，因为无事发生。

我承认我想要成长，
失去了翅膀，失去了理智。
我承认我已经，
忘记了，
为什么飞翔和迷失的心灵。
爱我，因为无事发生。

科恩的这些诗文摘自 1966 年出版的《天堂寄生虫》一书，其中囊括了涉及感性营销的非理性之美，"爱我，因为无事发生"远比"买我，因为我洗得白"更动人。

感性使我们感动，理性使我们理智。感性促使一个人行动，理性促使那个人为自己的决定辩护。

人都是情绪化的动物，这是铭刻在我们基因中的印记。无论你是什么种族，你的内心都存在情感；无论你来自哪里，情绪都会写在你的脸上。在我们的生活中，喜怒哀乐都可以简单地通过表情推断出来。而这些是无法在后天学到的，我们生来就具备情感。

理性营销要基于产品本身。这种营销要提及商品本身的优点（可能是或多或少的创新），并通过示范①（典型的是"这里有两件脏了的 T 恤……"）来支撑其论述。产品要借助这种方式证明其本身的优点，并加强受众的印象。受众不断接收到这种印象后，会产生一定的品牌忠诚度。另一方面，产品的优点要不断地和竞品进行比较，然后创新、改进，以免被其他产品超越。

感性营销则不然，它不关注产品本身，更重视"品牌"的价值。这种方式可能不注重"优点"和"价值"，主要目的是为了达到"与众不同"。因此，它可能不太在乎说一不二的创新理念，也不太需要不断地自我升级。劳力士就是劳力士，不需要与卡西欧进行比较。

感性使我们感动，理性使我们理智。感性促使一个人行动，理性促使那个人为自己的决定辩护。

听说某日化公司的高管们觉得我们的工作很容易，因为我们这个行业（饮料行业）只要打打感情牌就可以了。我觉得这种想法很有趣。

其实，使用哪种方法还要归因于企业文化，如果宝洁公司参与到饮料行业中来，肯定会使用它的方法。我觉得很有可能在不知不觉中，宝洁公司也会将它的方法变为行业的标准做法。

企业营销部门的不同决策，让人们对某些类别的产品营销方案不自觉地产生了感性或理性的认知，从而对品牌产生了不同的主观印象。

---

① 典型的 USP 方案：介绍产品优点，解释原因，提出证据。

如今，很高兴能看到宝洁公司在广告中加入一些情感的元素，这可是可口可乐走了很多年的老路了。不过，既然它们自称为"营销学院"，那肯定不会承认自己变了。

同时，感性营销也有一些潜在的风险。有时人们会忘记其实营销本身的重点是产品，很可能会因为兴奋而兴奋，为娱乐而娱乐。

1982年，奥利维耶罗·托斯卡尼（Oliviero Toscani）为贝纳通的复兴做宣传的时候，选择了很多不走寻常路的宣传方式。比如，特蕾斯·弗雷尔（Therese Frare）在俄亥俄州一家医院拍摄死于艾滋病的大卫·科尔比（David Kirby）遗像，不仅动摇了我们的社会，也震惊了广告界。尽管大卫的照片被用在了贝纳通的广告上，不过托斯卡尼依然吹嘘自己拍的是纪实片而不是广告。他还说："有些人在看照片时会生气，但令他们生气的应该是他们自己，因为他们不敢看自己所描绘的问题。摄影没有丑闻，有丑闻的是现实，摄影正在为不生活的人讲述现实。"

> 他们不去讨论某项商品，而是大范围地宣传理念。这样的宣传其实是失败的。

托斯卡尼创造了一种令人钦佩的方式，但是正如很多天才和先驱一样，他的身后不乏东施效颦的模仿者。这些模仿者的拙劣表现对品牌造成了极大的伤害。

我很欣赏维克多·瓦萨雷里、皮特·蒙德里安、保罗·克利、胡安·米罗等艺术家，他们的作品看起来很简单、易于模仿。但这些风格是属于艺术家本身的，任何拙劣的模仿都无法超越他们。

在可口可乐西班牙分公司，我们为研究"欢乐"这一话题组建了欢乐研究所，并在马德里举行了几次相关的国际会议，就这一主题进行了严肃认真且有代表性的研究。

后来，我们的总公司也开始跟进我们的行动，在2009年开启了一场名为"欢乐"的宣传活动。其实这是一个出发点很好的活动，但后来它超出了产品本身的话题。实际上，似乎产品本身（瓶装或液体）的存在局限了宣传方式，所以后来在宣传过程中就以瓶身轮廓剪影代替产品本身了。

有时候，如果一些品牌的广告预算有限，就会受到"贝纳通哲学"的启发。他们不去讨论某项商品，而是大范围地宣传理念。这样的宣传其实是失败的。

这其实不是他们在为品牌做宣传，而是品牌在为他们做宣传。他们甚至可以在广告创意竞赛中得奖，但是这不是好的营销，他们只不过在利用产品的名义资助自我宣传。品牌衰落时，这些人会将衰落原因归咎于其他和自己不相关的因素。

在担任全球营销总裁几个月之后，我不得不开除了两个人。当时他们积极地参与我试图解决的问题，而我以开放和对话的方式和他们分享了可口可乐的发展方向。当时他们向我保证已经明白，并且承诺一定按照我们的方针开展工作。但事实并非如此：他们俩拼了命地花光欧洲营销部门的预算，就是为了使用一些我们已经验证过的错误理论继续工作，并试图证明它是正确的。当我意识到这一点之后，选择停止这项无意义的工作。

结果自然不必说，糟透了。我解雇他们有两个原因：第一，工作没有效果；第二，对其他人不公平。你可以不同意我们的看法，但绝对不要说谎。

当一家企业将自己的业务重心过度放在宣传自己的品牌上，而没有突出自己的产品时，就会引起塞尔吉奥·齐曼口中的"虚拟消费"。消费者爱上了一个品牌，比如可口可乐，就会穿上带有可口可乐标志的衣服和其他商品……但有可能——仅仅举个例子——他们都没有喝过可口可乐。

企业得以生存的前提是它们的产品能卖出去，而不是它们的品牌多么有名，多么被人喜爱……如果这种名气和喜爱不能转化为消费，那就都是无用功。

无论是办公室职员还是灌装商，可口可乐的员工们都依靠公众的消费赖以生存。如果营销手段割裂了品牌和消费者的联系，那么这种营销就不是高明的营销。

当品牌觉得自己已经超脱普罗大众的时候，那这个品牌就岌岌可危了。

可口可乐之所以伟大，并非它的说辞有多么高明，而是世人对它的称赞才让它拥有如今的地位。它的门槛并不高，所有人都触手可及，这是别的品牌比不上的。

正如安迪·沃霍尔（Andy Warhol）所说："无论你有多少钱，都买不到比别人家里更好的可乐。"确实，你可以买到更好的手表、笔、汽车、图片，但是永远买不到更好的可乐。因为可乐的品质如一，亿万富翁和流浪汉喝到的都是同样品质的可乐。

可口可乐无论是在英格兰女王手中，还是在肯尼亚牧羊人手中我都不会惊讶。当然，如果这两个人某一天见面，他们可能无法分享其他任何商品的消费经验，比如衣服、车子、笔等，

企业得以生存的前提是它们的产品能卖出去，而不是它们的品牌多么有名，多么被人喜爱……如果这种名气和喜爱不能转化为消费，那就都是无用功。

但是可口可乐可以成为他们共同的话题。

这就是可口可乐的伟大之处：简单，谦卑。品牌越夸夸其谈地自我宣传，商品本身就越渺小荒谬。

我还记得在《夺宝奇兵》的最后一幕中，哈里森·福特面临着终极选择：哪个圣杯是真正的圣杯？最后，他选择了最朴实的木杯。这也是可口可乐的价值观。

我一直认为，一个好的营销人员就像一个好的裁缝，当一位顾客迈过门槛的时候，裁缝就会在脑海中为客户搭配最适合他个性和身体特征的着装。

而一个差劲的裁缝认为自己才是明星，无论是什么样的客人，都要根据他做好的东西来调整，只能购买货架上他已经做好的成品。

在做广告工作时也是一样，我们要忘记自己的追求，要按照品牌的个性来打造它。

在做广告工作时也是一样，我们要忘记自己的追求，要按照品牌的个性来打造它。

我们非常希望在广告中创立可口可乐的形象。我和家人都会喝可口可乐，身边的人都喝可乐让我感到自豪。

如果团队中有人建议大家不要喝任何一种可口可乐，我要当面和他好好辩驳一番。

如果真的有这样一个人，那么我觉得肯定是因为以下两个原因：要么他认为自己的产品不值一提；要么他可能被人误导了，认为可以卖给"其他人和家庭"的产品，却对自己的身体有害，从而不会消费它。如果真的是第二种情况，我会认为他没有任何职业操守，不配在我的团队里工作。

2. 为广告正名

如今，广告似乎成了人们生活中的大麻烦。因为很长一段时间以来，广告的地位是如此之高，甚至只有它自己才能威胁到自己的地位。在广告没有消失之前，所有的非广告传播都黯然失色。

然而，广告现在的生存环境比任何其他时间都要恶劣。

人们对传统电视内容和网络内容进行了很多对比，但实际上我认为这完全就是在拿梨子和苹果做对比。有时候我们对比的并非相同的类别，比如，有人拿电视媒体上的"广告"去类比互联网上的"内容"，其实它们是不对等的。我们要对比的是电视广告和互联网广告，或者电视内容和互联网内容。

为了说明白这一问题，我举个例子，如果有天早上某人对我说："喝芬达会导致脱发！"我会在震惊之余问他："你是怎么知道的？"要是他说是在互联网上的某个论坛上看到的，我就一笑置之；但是如果他说是在电视新闻频道上看到的，我可能立刻就要采取应急措施了。这就是我们刚才说的电视内容和互联网广告的类比。

出于相同的原因，电视上的广告时段（比如说一个30秒的广告时间）的对比对象，其实是脸书（Facebook）或照片墙（Instagram）上的一个横幅广告。

但是，当我们将互联网上的"内容"与"广告"进行比较时，前者始终更容易被信任。因为与广告不同，内容不会受到过度管制，手脚放得更开，而且受到言论自由的保护，人们几乎可以说出自己想说的任何内容。

尽管法律不允许广告撒谎，但人们对广告的信任度远低于内容。如果有人可以举证广告涉嫌虚假宣传，他就可以去法院起诉。但如果某个"内容"夹带了一些虚假的言论，为了保证言论自由，我们几乎无法做出有效的回应。

总而言之，在言论自由的保护下，内容不仅能故意模糊处理产品的性能，还有可能利用谎言打击竞品，直接攻击对手——这在广告中是不可想象的。负面言论的效果远胜于正面宣传。毕竟好事不出门，坏事传千里。

如果评价一个人为人忠厚老实、工作稳定、婚姻幸福、是模范父亲等，我们可能记不住他。但是如果说一个人和一头绵羊有婚外情，那人们可就记住他了，并且每次想到他的名字都会浮想联翩。

这其实是一种不那么光彩的营销手段，我将在下一章中详细说明。我经常抱怨说，很多人靠"做广告"生活，但是很少有人靠"做专业广告"生活。

媒体通过出售广告位（报纸、电视或广播）来盈利。但奇怪的是，它们没有保证自己所说的所有新闻内容不撒谎。而根

> 很多人靠"做广告"生活，但是很少有人靠"做专业广告"生活。

据广告法，广告中所有的元素必须真实可信。

最矛盾的是，这些媒体甚至会主动为那些商业公司宣传。有一个著名的例子，就是"红牛同温层计划"。2012年，红牛公司将一个氦气球升到了同温层，一名跳伞运动员从气球上一跃而下。红牛公司借此展示了两件事：一，它不介意用别人的生命去博得声名；二，它利用更少的广告预算获得了更大面积的宣传（免费！）。那些没有任何收益的媒体反而铺天盖地去帮红牛做宣传。

广告几乎成了所有反对物质生活运动的目标。有时候我们会觉得，之所以开车的人会超速，完全是因为广告中的汽车开得太快了。

当然，现在为了避免引起争议，汽车业已经非常注意广告中的内容了。

现在，厌食症和超重也将矛头指向了一些不正当的广告。

政治广告也是人们广泛诟病的广告方式之一。许多人不了解的是，在西班牙，政治广告是不用严格接受广告法约束的。也就是说，精明的政客会游走于广告法管辖不到的灰色地带，以免在当选后要履行当年在电视台、广播电台、宣传册或海报上承诺的内容。与商业广告不同，他们可以这样做。

我们要认识到这一点：媒体市场的创造力源泉之一也是广告。现在有些人甚至开始做起了讽刺广告自身的广告，这是个很棒的创意。

广告并非一个专门的艺术门类，但艺术本身可以成为广告。我们欣赏的很大一部分艺术品中包含夸大了的现实（或虚构内容），这样的艺术加工可能会影响人们的思考。

　　有一次，在与一位广告界人士的交谈中，他非常钦佩我敢于将优秀广告归类于艺术品这一观点。我当时还是很惊讶的，因为他为图卢兹—洛特雷克歌舞表演设计的海报当时正在著名的博物馆里展出。定义某物是否为艺术品的是其艺术价值，而并非艺术品作者的身份。同理，雷德利·斯科特为苹果电脑拍摄的广告片《1984》就是一个艺术品。

　　如今，在广告界，活跃其中的艺术家已经屡见不鲜。

　　我们要知道，广告并非一个专门的艺术门类，但艺术本身可以成为广告。我们欣赏的很大一部分艺术品中包含夸大了的现实（或虚构内容），这样的艺术加工可能会影响人们的思考。

　　有人说，虽然也算得上是艺术，但是广告无论如何都是"短暂的艺术"。我不同意这一点，就算是音乐，每天也有成千上万支没人听过就被遗忘的旋律。绘画作品和书籍也面临着一样的情况。每个门类中只有一小部分能被称为艺术品，广告也是如此。

　　如今，由于广告工作者的无知和懒惰，广告的有效性日渐下降。许多公司开始质疑专门用于广告的投资是否合理。

　　另一方面，我们发现新兴的网络经销商开始打入广告市场，他们抢占了传统生产厂家的部分广告预算。厂家将本应花在传统媒体的广告预算分拨给了一些网络经销商，比如亚马逊。尽管回报还无法量化，但现在这也成了一种主流的做法。

　　谷歌这类公司成了承接广告的大客户，而广告客户的这些预算以前是分给媒体和电视台的。

　　当然，其中还是有着一些区别的：在传统媒体投放的广告可以定义为真正的广告，不会让观众产生误解。而谷歌这类网络经销商一样会花掉你的预算，但方式就不太受控制了。

广告行业正处于不公平的危机之中，但依靠广告生存的人（媒体和经销商）似乎并不在乎。如果我购买了一项广告服务，最重要的就是要求它有效，能让我的产品和竞争对手拉开差距，这样我才能打败对手，占领市场。

如今，我知道传统媒体和网络经销商在争夺广告这块大蛋糕，但蛋糕本身却因为人们的懒惰而逐渐萎缩。真可惜。

3. "大卫的吊索"——创造力

创造力有将死寂的虚无转化为令人陶醉而有意义的事物的魔力。

创造力令人有所作为，让人可以以小博大。创造力是"大卫的吊索"，帮助他击败了歌利亚。当今的科学家曾做过计算，歌利亚受到的冲击力相当于0.45口径手枪的冲击力。很难想象，旋转半径为60厘米的吊索，在旋转了5圈之后，竟然能让20克左右的石头像子弹一样击穿巨人的头颅。原因并非石头长得像子弹，是其速度使人毙命。

我们国家有过很多像大卫一样有创造力的人，比如米格尔·加西亚·维兹卡伊诺、托尼·塞加拉、胡安·马里亚诺·曼赛博、路易斯·卡萨德瓦尔、萨尔瓦多·佩德雷尼奥、莫妮卡·莫罗、米格尔·安吉尔·弗洛内斯、奥古斯汀·麦迪那、华金·略伦特、拉法·安东、爱娃·桑托斯、何塞·路易斯·埃斯特奥等，他们都有能击败巨人的创造力。

在本章第一小节的开头我曾说过，"对我而言，营销是科学

> 创造力有将死寂的虚无转化成令人陶醉而有意义的事物的魔力。

与艺术的结合体，其目的是影响公民的购买决策"。

我还说过，"影响人们的最佳途径是通过情感"。因为正如我所说的，"感性动人，理性服人"。

那么问题来了，要如何打动人呢？

答案很简单：没有什么方式比讲故事更能打动人了。

没有人可以否认耶稣基督在人类历史上的影响力。这种影响力是通过故事传达的，这些故事有的以寓言形式口口传播，有的记载在《圣经》中。

自16世纪起，乞丐们就在村庄中传诵着"盲人小说"。这些故事大多与其他城镇的残忍事件有关，多数画在卷筒纸上供人观看。

没有什么方式比讲故事更能打动人了。

这些故事通过戏剧、广播、电影、电视、电话、移动电话代代相传……已经变成了一个个声情并茂的故事。它们的目标很简单——感动别人。故事让我们欢笑、哭泣，触动我们内心最柔软的部分，说服我们，从而最终影响我们。

可口可乐向来是讲故事的佼佼者。在这些"广告故事"中，可口可乐都是重要的元素。

2015年，当我开始为可口可乐品牌开展新的全球推广活动时，我就很清楚自己的目标。麦肯·埃里克森（McCann-Erickson）在20世纪80年代至90年代初期开展的活动中，就很好地体现了可口可乐的精神。

对我而言，我的工作不是重新塑造一个新品牌，而是要继续巩固它的定位。不过，我要用21世纪的新方法。诸如通过《乔伊·格林》（1980年）或《我需要别人》（1983年）之类的象征性广告讲述一些故事，这些故事令人感动且兴奋。

我总结了一个我认为最成功的广告通用架构方案。以下是我的结论：

- 要讲述一个能引人关注的伟大故事。

- 可口可乐是故事的中心，是主角；要淡化背景（即装饰性的背景和次要角色）。

- 要体现出该产品能满足人们的真正需求（比如解渴、振奋精神、打破社交僵局）。

- 要选用那些朴素但有吸引力的人，他们的语调要充满对产品的向往。

- 相切性（强调这种"相切性"很重要），该故事要包含旨在使我们的世界变得更美好的要素。利用"相切性"引入"观点"，即使那不是广告作品的目的，但要存在这种要素。

关于最后一点，我要举一个例子。商业广告《乔伊·格林》拍摄于20世纪80年代，由同一位非洲裔美国NFL（职业橄榄球大联盟）球员和一名拉丁美洲裔儿童主演。我们要表现的是一个尽管马丁·路德·金已经去世12年，但种族主义在美国依然盛行的故事。

我通常会拒绝制作那些看起来有趣但与可口可乐不相关的故事。比如，我们拍摄了一个故事，却发现其中可能根本没提到我们的产品。这根本不是在做广告，而是在做"赞助"，甚至可以说是在做慈善。这样的广告会刺激"虚拟消费"，但对我们自己的产品毫无益处。这种广告的本质是娱乐产品，而不是我们想要做的广告。

我发现，有些人很难理解这样的定义：广告不是一种娱乐，而是"出售娱乐"。两者是非常不同的。如果我们只是想做娱乐节目，不如换个工作去做电视节目制作人。

通过上面的架构方案，我们的广告部门沟通极其顺畅，并取得了非比寻常的工作成果。[①]而且令我感到惊讶的是，在美国、中国、德国和阿根廷等国家，这种方式都行之有效。

其实这也不难理解，因为好的创意在世界各地都通用。当你创作了优秀的内容后，比如《狮子王》《星球大战》这类电影，不太需要根据上映的国家进行情节改编，因为全世界的人都会欣赏好的创意。

在优秀的乌拉圭创意策划师鲁道夫·埃切维利亚的帮助下，我们发行了一系列优秀的广告作品，比如《国歌》《迸发》《兄弟之情》《空瓶子》《教授》《游泳池男孩》《电梯》《魔术师》等。

当分析一个方案的时候，我主要考量两个方面：一是它是否足够有创意；二是它是否具有战略意义。如果仅有创造力而没有战略意义，那它就像是一脚有力的射门，但实际离球门还有十万八千里。而只有战略意义却没有创意的广告就好像一脚绵软无力的射门，虽然它瞄准了目标，但是它在守门员面前就像是轻飘飘的气球，根本不能破

---

① 应当时的可口可乐欧洲总裁桑迪·艾伦（Sandy Allan）的要求，我们开发了一个广告评估指数，它是一套非常复杂的单一数字评分系统，后来成为可口可乐公司如今采用的国际标准（由坎塔尔·米尔沃德·布朗咨询公司提供支持）。

门得分。

在选择人员加入负责广告工作的团队时，我有三个基本规则：

第一，能力。要有能力将一个想法变成一个出色的成果。这很关键。

第二，坦诚。我们要坦诚地拒绝平庸的事物。

第三，恒心。我们要永不止步地追求卓越。

企业常常犯这样一个错误，就是觉得好的营销专家就可以做出好的广告来。这就大错特错了。

如果以10分为满分计算，我认为可以给自己打9分。但在一些细分领域中，比如市场研究、商业政策和价格分析、客户关系、销售分销、产品包装设计、促销活动、赞助谈判、商业金融、对外关系和广告、创意策划和媒体公关这些方面，我只能给自己打6—8分。

广告不是一种娱乐，而是"出售娱乐"。

也就是说，好的营销主管完全可以在最差的一项上仅拿一个及格分。我的建议是，要全面发展才能成为一个出色的营销主管。

但是，我希望一名优秀的广告总监在他的单项中能拿10分。我对他的要求就是拥有10分的广告技能，其他都不需要。

我永远也不会让一个在广告方面仅能拿6分的人，来指导一位优秀的广告总监做专业的工作。

我一直告诉我管理的营销总监们："我雇用你担任营销总监，而不是广告总监。如果广告总监的工作做得不好，他会被解雇；但如果他的工作做得不赖，却因按照你的意愿行事而没有取得预期的效果，那么我该解雇谁呢？我之所以没有任命你当广告总监，是因为你具有担任营销总监的技能。尽管你可能懂一些广告，但不要冒险——因为你不是这方面的专家。"

我一直在保护那些广告总监，以免他们被营销总监免职。那些管理者总是仗着自己的权势和预算，对创意工作横加干涉。

就像我一直在说的，我们不是在卖广告，而是希望人们通过广告的影响力购买产品。首先，销售部门的人要让消费者接触到产品。其次，我们要提供合适的价格。最后，如果价格合适，才是创意部门出马的时候。广告只是让人们决定购买我们产品这一条决策链上的一部分。

在某种程度上，品牌就好比一个人。那些状态不稳定、行为不可预测的人终将被取代。我们必须保持品牌的连贯性，要满足忠实客户一直以来的期望。

我做了两年的广告工作。29岁时，我离开了可口可乐，去了阿拉斯贝茨集团的南方网（BSB集团前身）担任董事。31岁时，我回到可口可乐西班牙分公司担任市场总监，接替了胡安·安东尼奥·卡尔维特（Juan Antonio Calvet）。卡尔维特是西班牙市场营销的先驱人物之一，也是西班牙广告商协会和OJD（人才培养）的创始人。

对我来说，那段为期两年的经历是我最好的老师。我在这个生产广告的"厨房"里学到了很多东西，这些经验使我非常珍惜这段经历。

在阿拉斯贝茨工作期间，我有机会与西班牙国家盲人机构密切合作，该组织曾是我国广告业界一个令人反感的组织。恩里克·桑兹（Enrique Sanz）负责广告部门。他曾是一名失明的教师，但他比所有人都看得清楚。他的助手哈维尔·诺加尔（Javier Nogal）帮助他处理事务。

我从恩里克那里学到了很多东西，包括他管理机构的方式。他们的机构是在竞争中运作的：没有拥有正式职位的人，只有一群为了每个广告项目竞争上岗的精英。

25年后，根据我在不到30岁时从一家规模虽小但充满革命性的西班牙企业中学到的经验，我在亚特兰大引入了类似的计划，来管理最大的跨国营销企业的创意部门。

像可口可乐这样的大品牌有一些应避免的风险，要按照那些不了解它的人、从不希望了解它的人，以及那些偶尔光顾它的人的方式思考，而不是遵循旧有的惯例，以自己品牌的方式为主。

还有一些人对品牌的定位已经产生了"厌倦"，想要尝试其他产品。这种"厌倦"常出现于品牌的忠实客户中。其实他们没有看到，我们的产品也在随着时代的变化而改变。

在某种程度上，品牌就好比一个人。那些状态不稳定、行为不可预测的人终将被取代。我们必须保持品牌的连贯性，要满足忠实客户一直以来的期望。对于这一点，我非常钦佩迪士尼。一代又一代的迪士尼工作者们都在讲述同样的故事：一个年轻人（或者一个动物、一个玩具）年轻时调皮捣蛋，背弃了家庭和集体。在外面闯荡之后，找到了一些帮助他并陪他走上正路的朋友。在经历了风风雨雨之后，他们回到了自己的家园……这是一个圆满的大结局。

《小鹿斑比》《小飞象》《小美人鱼》《匹诺曹》《丛林之书》《狮子王》《海底总动员》这些作品，都遵循了类似的模式。

如果迪士尼哪天放弃了这一模式（"他的故事"），就会承担巨大的风险。其实这是一套有效的模式，而且长久以来一直有效。从本质上讲，这个故事仍在继续，只是主角在变化而已。

可口可乐公司也在重复这样的工作。可口可乐的故事还在继续，而且还要持续多年。虽然每年都会有新花样，但其内核都没有改变。事实上，这种模式是有其存在意义的。

可口可乐就是可口可乐。虽然我们还拥有着一众品牌，但每一个品牌都有着不同的运作模式，宣传手段也不尽相同。

可口可乐本身就是故事，我们要以此为中心打造产品。我们在赞助活动的时候，会适当调整宣传手段。在出席所有活动（比如奥运会、世界杯）时，从严格意义上来说，可口可乐都是背景。但我们要努力保障品牌的地位。我们不是靠通过赞助赛事来让民众喝到可口可乐，而是让他们在赛事中了解可口可乐。我们要把自己的品牌通过赛事呈现到人们面前。

我们看一看《丁丁历险记》这套漫画吧，《丁丁在美国》《丁丁在刚果》《丁丁在西藏》《丁丁在黑金国》等，主人公丁丁出现在世界的各个角落，而这些地名仅仅是用来刻画主角形象的背景。品牌要努力做走到世界各地的丁丁，而不要仅仅去当背景板。

其实，一切内容和载体都是相关的，我们要善于利用这些关联。在上一章节中，我们讨论了电视和手机等数字平台。其实载体本身相对不太重要，电视、广播、平板电脑、手机……都是让我们用来消费内容的载体。

《权力的游戏》电视剧、世界杯比赛、奥斯卡颁奖会、英雄联盟赛事，这些都是我们可以通过载体观看到的内容，有可能是整体的，也有可能是片段的。吸引我们的是内容本身的质量。凭借这些内容我们才能吸引观众去看我们的广告。

有趣的是，当我们不知道该用什么内容来吸引观众的时候，往往会发现自己本身就是最有趣的内容。脸书、推特（Twitter）、照片墙这类平台就是我们展示自己的最好范例。我们向朋友出售自己，而平台利用我们的内容搭配广告。就像我所说的，创造力有将死寂的虚无转化成令人陶醉而有意义的事物的魔力。

不过我们没有必要强行为自己创造点什么，因为周遭的事物时刻都在变化。可能你感到无聊不超过30秒，注意力就被别的东西吸引走了。可以肯定的是，就算我们今天所有的广告形式都消失了，创造力仍会用它的魔力产生新的事物来填补人们的空虚时刻。

用故事来填补，用那些让我们可以徜徉其间的故事。

4. 我们总是输掉未知之战

一个好的品牌产品，如果没有一个受人尊敬的企业的支持，它将很难生存，因为它所在的商业类别竞争非常激烈。

——马科斯·德金托（2006年）

几十年前，拥有一个好产品就能保证企业生存。随后，品牌的概念诞生了。在市场竞争中，品牌的概念会给消费者一个质量的预期。

品牌在20世纪一直是主角，在这个世纪依旧也是。但是到了20世纪90年代末的一段时间里，一个公认的品牌不再是保证企业可持续发展的必要和充分条件，而仅仅是"必要条件"。

社会大众不仅对购买了"什么"产品感兴趣，还对购买的产品"如何"（质量标准、工作条件、环境影响等）产生了兴趣。

从那时起，如果一家企业想保证自己的前途，就需要追求更好的产品力和品牌效应来增加商业声誉。

但是时至今日，同时拥有这些又不够了。现在的企业面临着新的威胁——"行业之战"。

的确，如果你所在的行业被认为是夕阳产业的话，那么就算拥有良好的品牌和声誉都没有用。

菲利普·莫里斯（Philip Morris）缔造了万宝路这样驰名的品牌，其在赞助方面毫不吝啬。但烟草行业整体上已经被妖魔化了，再有名的品牌又有什么用呢？

又比如麦当劳，这是一家拥有巨无霸和快乐儿童餐两个知名品牌的严肃餐饮企业。麦当劳内部管理完善，旗下的基金会也提供了可观的社会公益行为。但当"快餐"这一品类受到质疑时，麦当劳依旧是首当其冲遭殃的那个。

而可口可乐公司呢？只要对软饮料类别进行攻击，可口可乐的优秀品牌和社会贡献都不能保证企业能够独善其身。

在政治领域中也会同样如此：如果某位政治人物遭到怀疑，那他所在的政党也会连带受到批判，即便这支政党是清白的。只要抓住这位有问题的政治人物不放，其所在的政党就会受到波及。

现在的企业面临着新的威胁——"行业之战"。

这种状况使得企业除了担心品牌声誉和产品质量，还会担心社会上对其销售产品所在类别的看法。

2006年8月，我和可口可乐西班牙团队一起想出了"营销类别"的概念。当时，可口可乐公司美国地区的业务已经初遇寒潮，尽管风暴还未席卷欧洲，但我们也开始未雨绸缪了。

2007年2月，我去了亚特兰大，在可口可乐北美领导人会议上向我的同事们做了一次演讲。

在这次会议上，我第一次在伊比利亚半岛以外分享对外界变化的看法：这并非大自然本身存在的规则，而是人类社会演化的结果。这种趋势"悄然兴起"，在我们的身边愈演愈烈。

美国地区的高管对此持消极态度，他们觉得这种"外在变量"无法解决。

后来，在马德里举行的一次国际会议上，我向全球的营销部门提出了相同的概念（营销类别）。

在口头上，我们使用了"猫式营销"这个术语，并把黑猫的形象作为我的演讲的第一张图表。

我必须承认，这种新学说的许多战略发展概念都是西班牙啤酒协会主席雅各布·欧拉亚在啤酒行业中发明的。我相信雅各布的工作已成为全球啤酒行业的榜样，尽管人们还不熟悉，但他已经取得了一定的成功，其部分内容对我们这个行业也有所裨益。

在他努力了几年之后，啤酒行业被污名化的形象（公园垃圾、地痞流氓和"啤酒肚"）等刻板印象在西班牙都减少了，啤酒协会甚至将啤酒与地中海饮食和健康联系到了一起。

在这么短的时间内，是如何让人产生这种感知转变的呢？显然，啤酒公司（马奥、喜力、加利西亚之星等）几乎清一色都在宣传品牌理念而并非宣传产品。1998—2007年间的分析表明，它们的宣传理念非常统一，基本上都是针对年轻人的"品牌"广告，不太提及产品。这种宣传方法对于饮料来说也很适用。

2005年，博雅公关公司在第七届EFI广告大赛中斩获了"传播与公共关系"这一奖项。这是大赛第一次增设该类别奖项，主要是为了表彰该公司和啤酒协会共同做出的成绩，称它们一起"改变了人们对啤酒的看法"。

博雅公关公司和啤酒协会赢得了奖项，而我们学到了经验。它们自1998年以来，便小心谨慎地改变了自己的宣传策略，并在潜移默化中形成了强大的影响力。

啤酒协会基本上没有使用传统的广告模式，而是通过在内容中植入（杂志、电视节目、广播、专家的推荐）信息来获得宣传效果。

啤酒厂商将广告预算集中在品牌形象的广告活动上，通过相互竞争来赢得消费者的青睐。啤酒协会则更为集中地宣传产品，努力提升啤酒的外部口碑，维护啤酒厂商的共同利益。

这种有趣的行为方式使每家啤酒厂商都不必在宣传中解释啤酒的优势——啤酒协会已经负责夸啤酒，宣传了该类商品的理性元素——厂商就可以专注经营感性的品牌元素了。

由于啤酒这种商品的广告宣传没有涉及任何品牌（甚至没有啤酒协会的信息），同时还不包含批评类的信息（意见、医生访谈等），因此，这些"类别"广告可以更有效地渗透到整个人群。

所有类型的平台上都遍布着啤酒协会投放的广告。我将在分享该系列广告中的一个场景片段当作一个有趣的例子，1999—2009年间，这些广告取得了很好的效果。

在这则广告中，一位服务生正在给一对警察（一男一女）提供啤酒。男警察对服务员说"请再给我一杯"后，突然面向他的同伴，说道："你知道啤酒是最健康的饮料之一吗？看，它具有纯天然的抗氧化剂，以及比苏打水更多的维生素和矿物质……我好像说得有点多了？我只是有点紧张……但是啤酒真的很不错，我在杂志上读到过。"

编剧真的是脑洞大开，竟然会想到这样的对话，以这种方式插入消息。在听到这段对话的时候，观众可能还未意识到这是一则广告，也就不会本能地抗拒广告的内容，广告的内容也就更容易被观众接受。

总而言之，我对雅各布的敬仰之情如滔滔江水连绵不绝。因为我对许多国家的啤酒市场非常了解，而且我知道每个人都羡慕他的成就，以及他的领导才能。

当时还有一件事令我印象深刻。玛丽娜·特蕾莎·坎波斯在无线三台有一个节目，是和她的同事米格尔·安吉尔·阿尔莫多瓦聊天的一档节目。可能她也会逐渐被人忘记，但是她说的一句话将载入"付费新闻"的史册——

他们"在幕后煽动"，将自己的主观观点伪装在内容中。往往观众会觉得他们比广告更可信，因为他们不用带任何商标，就被赋予了"更多的真实性"。

我想讨论一下你最后说的那句话……

她打断了她的同伴，确切地说是同伙。后者默契地保持了停顿。然后，她看着他，说出了那句她想要说的台词——

是的……你刚刚说："儿童汽水……"

她和她的同伙开始念说好的台词了，原文如下：

是啊，孩子们的"汽水"应该是牛奶吧。美国人发起了一场运动……在美国，有一场美丽的运动，那就是白胡子运动，艺术家和电视台的知名人偶角色都参与了。牛奶留下的白色胡子是孩子们最漂亮的地方。

坎波斯女士明摆着知道自己的同伴说了什么，还想要重复一遍。这明明就是乳品行业协会（可能是）想在广告许可之外的地方通过攻击其他品类的商品来提高自己的销量的一种方式。假定纯牛奶、酸奶和水都是健康的食品选择，那么加入相同剂量的糖之后会发生什么事呢？牛奶变成了奶昔，酸奶变成了调味酸奶，两者依然是健康的食品。但是加了糖的水就成了汽水，这种新产品就这样"合法地被污名化"了，不是吗？

这些人是如此虚伪！希望食品部门对此能够真正做到全面透明监管。

我认为他们是在作弊。用这种营销手段和广告竞争并不公平。正如我在本章第二小节中所说的那样，广告（根据法律）根本不能说谎，而内容（受言论自由保护）几乎没有任何限制。

他们"在幕后煽动"，将自己的主观观点伪装在内容中。往往观众会觉得他们比广告更可信，因为他们不用带任何商标，就被赋予了"更多的真实性"。

在言论自由的保护下，他可以做任何野蛮的行为，也不必为自己辩护。例如，牛奶的广告肯定不会告诉年轻人，喝牛奶可以治好痤疮。但是，他们可能会利用一篇文章说："在某个遥远的国家，一所大学正在研究牛奶摄入量与青少年痤疮消失之间的关系，初步结果似乎非常令人鼓舞。"

另外，这些灰色营销可以利用未经证实的消息来为一些行业带来好处，还可以做更多的事：他们可以通过谎言警告人们其他产品有危险。假新闻在食品行业并不新鲜。

可悲的是，好事不出门，坏事传千里。比如在玛丽亚·特蕾莎·坎波斯的节目中提到的那种诋毁的行为，对软饮料等行业产生了毁灭性的影响。

广告就是玛丽·波宾丝（1964年上映的奇幻电影《玛丽·波宾丝》里的主角），而虚假新闻就是《沉默的羔羊》中的食人魔汉尼拔。

虚假新闻应该被根除，但我觉得很难做到。只要有人想欺骗消费者，就会有人推波助澜。

媒体本身必须监控这一切，因为它可能会适得其反。如果媒体制片人开始为"秘密信息"定价，不受任何控制和监管的话，许多广告商就可能会从他们的广告预算中提取资金交给制片人。

另外，对一些制作人来说，对其他媒体进行舆论监督也没有什么好处。在我提到的这个例子中，从西尔维奥·冈萨雷斯到毛里西奥·卡洛蒂，再到爱德华多·奥拉诺，都非常了解这个情况，但是他们什么也没有做。

从本质上说，私人电视频道是一种有价值的娱乐方式，它们旨在吸引观众，然后将广告商商业化，帮助他们改善自己和产品的形象。如果这个平台不是致力于改进，而是致力于破坏，那就太糟糕了。特别是当破坏它的不是链条，而是提供链条的生产者的时候。

从那一刻起，从那个虚伪的节目开始，我就不相信这是凭空产生的现象。我以前一直天真地认为所有新闻内容都是真的。但是，现在不会了，我要让他们付出高昂的代价。

有人说，失败的战争是被忽视的战争。很长一段时间以来，我们公司和其他跨国企业一样，忽视了自己的失败。

不少产品类别的市场非常封闭。在一个市场中，几个产品来回争夺着市场霸主地位。

可口可乐不仅要和百事可乐竞争，还要面对其他非可乐类型的汽水的挑战，甚至有些不含汽的汽水也要和我们拼一下……虽然我们根本不想在乎啤酒市场、乳制品市场和果汁市场发生了什么事。

我们是第一个有这种意识的西班牙公司。佩德罗·安东尼奥·加西亚和赫苏斯·加尔拉多为此做了大量的工作。当我们在年度报告中谈论品牌的目标要超越自己品类的时候，有些人觉得我疯了。

无论每个品类的内部战况如何，现在大家都想试图攫取以前属于其他品类的利润（比如有些人将啤酒当作软饮料来卖）来扩张，还要攻击那些以前占据着市场的其他产品。

这种"不可抗拒的趋势"，曾经只是别人眼中的痴心妄想，现在却成了我们业务的外生因素。我们没办法逃避这场不宣而战的战争。

我们要警觉那些其他行业品类的资本大鳄，不能沉浸在和那些老对手们的缠斗中；我们要警惕那些正在蚕食我们市场的

我们要警觉那些其他行业品类的资本大鳄，不能沉浸在和那些老对手们的缠斗中；我们要警惕那些正在蚕食我们市场的局外人。

局外人。

在本节开头的时候我曾经说过，如果你所在的行业整体正在遭受诋毁，那单一品牌的良好信誉是没有用的。这就是我们还要确保自己经营的产品品类不受威胁的原因。

因此，在可口可乐伊比利亚公司，我们创造了一种新的营销理解方式，其中有三点，分别是——

•消费者营销：由公司部门进行的传统型营销，主要以产品、品牌和消费者为中心。

•公司营销：包含旨在将公司本身定位为产品的所有活动的营销活动，并根据消费者、客户、投资者、员工和政府企业不同的性质制定不同的营销方案。

•品类营销：销售人员要预测潜在风险，推动全行业共同努力保护大家的集体利益。

这些品类的后续研究必须非常具体。虽然不同方式的传播战略[1]不尽相同，但我们也要尽量做到协调统一。因为这些研究要用到相同的资源，不同的仅是组合方式而已。

市场营销主要有两种模式：线上营销（在大众媒体上曝光以提高知名度，如在电视、广播上做广告等）和线下营销（更有针对性的活

---

[1] 除了通常意义上的消费者营销研究和品牌研究，我们在西班牙开展了"企业声誉"和"品类声誉"的研究，后来推广到其他国家。

动，比如地推等）。

但是多年以来，我还看到了第三种营销模式——"桌下"营销。

无论在何种情况下，我都不会让自己的企业涉足这种黑暗面。可口可乐这么多年来一直是这种暗箱操作的受害者，但我们从未参与其中。

但是，每一位高管都要认识到它的存在，当危险从背后悄悄靠近时，我们要能够及时嗅到气息。

5. 有时，战术决定战略

　　将军们制订的作战计划很完美，但有些士兵迷了路，他们错误地登上了一座山丘，却发现占据了更有利的地形。此时，精心设计的计划必须立刻进行调整，并利用这次意外来获得更多机会。

　　尽管制订一个总体计划非常重要，但我们在情况变化之际必须能够临场调整。此时，适应能力就显得尤为重要。对纵观全局的指挥者来说，并非所有的因素都是可控的。我们无法准确地预测下雨的时间，但要尽力成为第一个拿起雨伞的人。在第一滴雨滴落下之前就要开伞，在最后一滴雨滴落地之后就要收伞。

　　指挥中心负责规划宏观战略，调配资源。但你很难指望他们能在白刃战中提出建议来解决眼前的问题。如果在战斗中碰到了战士眼镜因寒冷起雾的情况，总部的人不可能知道用切开的生土豆擦眼镜就能解决问题。但你必须要活下去，如果附近有一个土豆的话，你就要利用一切手头的资源来解决

我们无法准确地预测下雨的时间，但要尽力成为第一个拿起雨伞的人。在第一滴雨滴落下之前就要开伞，在最后一滴雨滴落地之后就要收伞。

问题。①

真正的创新发生在前线，生存的压力会迫使人产生灵感。指挥中心可以收集经验，然后在整支军队中推广，但他们很难解决自己从未遇到过的问题。

我一直认为，当地员工在违背总公司命令的时候，大多数时候他们是正确的。他们的招数源于一线，用这些招数很有可能在战场上取得成功。

在庞大复杂的组织中，权力游戏实在是太普遍了。通常有很多与核心利益不相关的人热衷于此。幸运的是，我在一家严肃的美国公司中能生存下来。而且没有"教父"的帮助，全凭我在一线奋斗的"结果"。

创新源于本土化。

披头士乐队开始仅仅是为了让利物浦人民开心的一个小乐队。他们从未想过自己的歌曲能在蒙古或巴塔哥尼亚被人唱响。而可口可乐配方的发明者约翰·彭伯顿博士也从未想过，自己在亚特兰大雅各布药房中发明的小小饮料，可以从苏格兰风靡到新西兰。他只是想让邻里们开心一下罢了。马克·扎克伯格最开始也从未想到过要创建脸书的日文版，他仅仅是想吸引哈佛学生的兴趣而已。伟大的故事往往在不经意间发生。

一个奇妙的创意要先在当地开枝散叶，然后再通过一步一步经营走向全球，由战术变为战略。

一个奇妙的创意要先在当地开枝散叶，然后再通过一步一步经营走向全球，由战术变为战略。

---

① 这是20世纪70年代我在坎丹丘学到的秘籍，当时我正在参加滑雪友谊比赛。

如今，每个人都可以通过互联网或多或少地得到相似的信息，你甚至可以通过互联网租用目前企业缺少的职能。每个人都可以（或多或少地）调用有用的信息，并对其进行适当的调整。那么，在日益趋同化的商业世界中，竞争优势来源于何处呢？很简单——速度。

扎根当地，我们可以用手、用眼真实地感受现实，这就是速度的源泉。在很多情况下，就算第一时间得到的不是最优解，我们通过现场得来的答案也要比经过研究后的答案来得快捷得多。

用美国人的话来说，这是种"臀部开枪"的行为，意思是极其鲁莽的。我们知道，这可能是一种不太周到的解决方案，但鉴于情况紧急，值得冒险一试。

"臀部开枪"这一说法是指美国西部的牛仔们将一把左轮手枪从腰间掏出就开枪的动作。这种动作没有浪费时间抬起手臂瞄准，所以准确度不高，但贵在速度奇快。

速度是最基本的，但也不能不顾一切。我曾经说过，"速度比方向还重要"。抱歉，有的时候是得用一些夸张的修辞来激励团队。

如果你了解达喀尔拉力赛（卡洛斯·桑兹就曾于2005年在非洲参加过该项赛事，不过在即将比赛的前几天，我们还每晚都在马诺洛广场一起吃火腿）就会知道，领航员要是迷路了，就算驾驶员开得飞快，也只是原地转圈而已。

正如我在一开始所说的，我们要不断调整策略。但是在有

> 一些突发事件，几乎都不是计划出来的。当然了，经常会有些企业内部或外部的专家解释精心设计过的策略是如何获得成功的。其实并不尽然。

些来不及重新规划的时候，就要先给出一个解决方案。在未知的明天，一切皆有可能发生。

一切都处于变化之中，正如我们对业务的愿景也在发生变化。大环境的变化有的时候远超我们的反应能力，因此我们经常会落后于事件。

汉斯·马格努斯·恩岑斯贝格（Hans Magnus Enzensberger）在诗集中为那些不读书的人写了一首开篇的诗，其中说道："我的孩子，不要读诗歌了，去阅读火车时刻表吧，它们会更准确。"在我看来，火车时刻表也没见得准确多少。

一些突发事件，几乎都不是计划出来的。当然了，经常会有些企业内部或外部的专家解释精心设计过的策略是如何获得成功的。其实并不尽然。

世界上没有那么多准确规划的结果。如果有，也是在过程中不断调整的规划。

这就是我们通常所说的重新规划。我们会在原来的计划上不断修修补补，期待事件能按预期进行。相信我，重新设计规划的事情远比你想象的多得多了，甚至在我的工作中也是如此。

1993年8月，在我担任可口可乐东南亚和西亚地区市场总监时，迈克尔·杰克逊正要在曼谷开始由百事可乐赞助的世界巡回演出。人们对这场演唱会的期待无法用语言来形容。

但是在演唱会当天，迈克尔·杰克逊取消了演出。当时主办方保证说演出只是推迟到第二天。但在第二天，演出又被取消了。最初有些沮丧的人已经变得愤怒起来。

艺术家团队发表了一份声明，声称歌手因"脱水"身体不适，并保证演出一定会举行。

那一天，我正在曼谷丽晶酒店与来自菲律宾、日本、澳大利亚及中国的一些同事们会面，我们正在商讨如何在这些地区继续开展"雪碧"的业务。

当时我的老板、部门总裁安德鲁·安格尔（Andrew Angle）给我打了个电话。那几天他在斯里兰卡，因为自由之虎（泰米尔游击队）控制了道路，他一直被困在那里。听说迈克尔·杰克逊的演唱会又取消了，他就想问我是否有机会借此打击一下百事可乐。

尽管我们在泰国开展了旗下所有品牌的业务，总体销量也比百事可乐和其他公司要多，但是百事在可乐类饮料这一品类的销量上是胜于我们的。不过在一年以后，我们就将百事可乐挤下了头把交椅。

当时我没有任何想法，但是既然老板要求了，我就联系了一下我的同事们，问问他们有什么想法。我们将酒店客房里的床位挪开，临时准备了一个小小的会议桌。我用洗手间的电话和安德鲁及代理商通话（1993年还没有手机），我就坐在马桶上和他们进行讨论——当然，我穿着衣服。

在会议进行期间，代理商们不时打电话过来，礼宾人员不断带着装有传真和新闻广告的信封来来往往，我们通过洗手间的电话和法务部门联络……工作告一段落之后，我走出洗手间，同伊安·罗登、萨姆·亨特等人继续讨论。

对这个故事我们可以长话短说：广告部门一直想让迈克尔·杰克逊本人为可口可乐站台（这个想法当然被拒绝了），或者通过一些能联想到他本人的一些元素，比如麦克风、象征性的帽子等容易辨认的物品来为可口可乐站台。不过我们的法务部门建议不要这样做，因为这可能会造成一些不必要的麻烦。我有些焦头烂额。

我时不时会接到来自斯里兰卡的电话，老板对事情的发展很感兴趣。

我感觉自己就像是《歌剧一夜》（西班牙电视剧，2004年）里的格劳乔·马克思那样，一直要为雪碧的亚洲市场操心，同时还得回洗手间里去协调一些无法完成的工作。

最后，广告部门的副总监胡里奥·卡斯德亚诺斯同一位创意总监共同负责雪碧的亚洲广告事务，我就不提这位创意总监的名字了。这位创意总监认为他的想法并没有得到大家的支持，因此决定退出这项工作。毕竟，对他这样的创意总监来说，在曼谷的两份报纸上随便刊登两则没有什么效果的广告不是什么光荣的任务……不过这一切都要结束了。

会议结束之后，我就要专心应付老板的"心血来潮"了。虽然雪碧的广告不太顺利，但我们这项工作没有受到影响。我和胡里奥在丽晶酒店的房间里，最后确定了一个简单的广告，其内容如下：

> 标题：脱水了吗？
> 图片：可口可乐瓶身剪影。
> 正文：可口可乐常在。

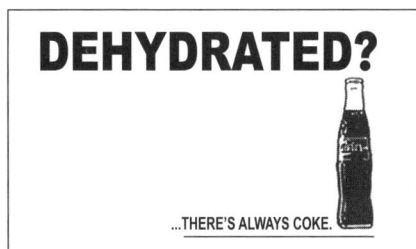

看起来不太妙对不对？没有杰克逊的形象，没有帽子，什么都没有。也没有什么直接的文字能提供一些更明确的线索。

胡里奥当时也觉得这不是一个好作品，甚至把钢笔素描带到他的部门，准备接受大家的嘲笑。不过最后还是将这个作品发给了两家报纸，然后我就睡觉了。

第二天，我到了办公室。《曼谷邮报》和《国家报》都用了半个版面的篇幅刊登了我们的广告。创意团队和法律团队之间的平衡就像跷跷板一样，我们通过了新闻部门的审查，一切都很好。

起码暂时是这样的。

平静的氛围因为迈克尔·杰克逊的演唱会第三次取消而被打破。泰国的歌迷们在演唱会场外徘徊，非常生气，甚至引起了一场场骚乱。当时许多国家的电视台都派记者来报道杰克逊的演唱会，他们见证了这一幕：镜头前的人们在不断地抗议，而他们手中挥舞着的《曼谷邮报》和《国家报》上有我们广告的那一页。这幅画面通过电视被传播到了全世界。

当时的迈克尔·杰克逊处于两难境地。他的演唱会是世界上最受关注的演出之一，这本身就已经引起了媒体的极大兴趣。不幸的是，在计划演出的第二天，关于迈克尔虐童的调查被泄露，因此世界各地的媒体都非常活跃地在曼谷寻找他。抗议的人群围住了他的旅馆，挥舞着刊登有我们那一则广告的报纸："脱水了吗？……可口可乐常在。"

我接到了塞尔吉奥·泽曼从亚特兰大打来的电话。1986年，因为新口味的可乐研制失败，塞尔吉奥引咎辞职，给我打电话的几天前才刚刚回到公司担任首席营销官。自从他回来上任，我还没和他通过话。他告诉我，道格·伊维斯特有一天在早饭的时候谈论起迈克尔·杰克逊的事，还说美国电视台播放了我们在曼谷投放的广告画面。显然，公共关系专家（那些能把鸡毛蒜皮小事无限放大的专家，后来自称为"企业救星"）向他抱怨了。塞尔吉奥和伊维斯特谈过后，对我说："一切都很好，别担心。我和道格谈过了，保证不会出问题，他也放心了[1]。做得不错，但别再跟进了。"

我长舒了一口气！

当然，我没有任何打算继续跟进的意思。因为后来我们知道了迈克尔·杰克逊并非因为脱水而推迟演出，而是因为陷入了严重的指控而不安，他认为自己被人陷害了。

但是一切已悄然发生。

从长远来看，这则广告本身就配得上吉尼斯世界广告效率纪录，因为它是广告史上最便宜的广告，也是发行量、影响力和知名度最高的广告。它出现在世界上所有的报纸和杂志上（甚至我远在西班牙的父母都看到了，他们还专程打电话到泰国问候我），也出现在了地球上的大多数电视上。它的成本，无论是制作成本——几行字和一瓶可乐，还是媒体投放成本——在泰国两家当地报纸上用黑白两版的页面，都比奥利维耶罗·托斯卡尼的精彩却带丑闻的广告要好得多。贝纳通公司的广告尽

---

① 道格并不是一个"令人安心的人"，尤其是在与竞争对手较量的时候。事实上，他最著名的一句话是他对一位记者的回答。有一个记者问他："如果你看到竞争对手溺水，你会怎么做？"他回答说："拿一根软管，放进嘴里，然后打开水龙头。"道格是一个非常特别的人，非常具有侵略性，非常可怕。我和他不仅发生过争论，甚至是"身体"上的争论也时常发生。然而，我必须承认，我敢于与道格面对面地提出不同意见，这一事实最终赢得了他的同情。道格没有像压死蚊子一样用拇指把我压扁，他总是让我感受到他的支持和爱，我会一直感谢他。

管引起了人们的热议，但我们知道它背后的投资是个天文数字。

非常有意思的是，我看到过很多对我们这个广告进行分析的出版物。其中最有意思的是一篇澳大利亚市场营销学教授写的文章，他在一本杂志上花了不少于10页的篇幅来说明"为什么'脱水'广告在泰国大获成功"。他详细地描述了我们采用的各种策略，不过他说的很多策略其实我都没想到。他说到了曼谷的交通堵塞和空气污染，还有人们对杰克逊演唱会的挫败感……我非常想告诉他，我们的广告创意诞生于一个狭窄的卫生间中。

我觉得自己就像莫里哀作品里的资产阶级绅士，在不知不觉中就能用散文说话。我问自己："这位澳大利亚市场营销教授说的是真的吗？我们会在不知情的情况下思考这么多吗？"

多年以后，我还发现了一件令人惊讶的事。那位我之前提到但是退出了雪碧创意策划的创意总监，竟然将自己说成了是这个笨拙但有影响力的广告的作者。我真的很后悔，没有把那份原稿保存下来，因为我当时为了在报纸截稿前寄给它们，把原稿直接给了胡里奥·卡斯德亚诺斯，让他进行适当编辑。不过我们的法律专家彼得·特科特帮我们解决了这个问题。

F.伊巴内兹在他的杰作《硫酸原子》中说："自尊和酸葡萄总会让背叛者渔利。"通常是这样的。我想，当这个"有创造力的人"告诉他的孙子们这个作品是他做的时候，他应该感到羞愧。因为他本可以参与到我们的项目中，但他傲慢地决定浪费这个机会。你永远不知道你创作的哪一个作品会在你的职业生涯中最为闪耀。有时最微小的任务，就比如这个广告，谁知道它会成为一只能变成王子的青蛙呢。

当我回忆起那些时刻时，我认为迈克尔·杰克逊的沟通团队犯了一个错误：他们把演唱会取消的原因归咎于"脱水"。但他们没想到的是，赞助商是百事可乐。他们应该找一个和赞助商属性无关的借口，不然就给了我们反击的机会……我们只是顺势而为而已。

但是我由衷地尊敬迈克尔·杰克逊，无论是专业方面还是人格方面。

正如我常常所说的，战术决定策略。我们于1991年在西班牙发行了水动乐（Aquarius）饮料，这是我们以前没有涉猎过的运动领域。碰巧，1992年即将在巴塞罗那举办奥运会。自从皮埃尔·德·顾拜旦（Pierre de Coubertin）发起了现代奥运会以来，可口可乐从1928年起就是奥运会的赞助商，而1992年是我们赞助合同金额最高的一次。如果我们不能在奥运会赛场周围售卖自己品牌的运动饮料，奥委会就有可能新开一个运动饮料的赞助类别，从而让我们的努力付诸东流。

自尊和酸葡萄总会让背叛者渔利。

所以，亚特兰大总部指示西班牙公司推出新的运动饮料，并且将这个命令从市场总监一直传达到了最基层的员工。我给费利克斯·穆尼奥兹打了电话，让他来帮助我。当时，我感觉我接下来在马德里灌装厂的质量实验室里工作了一辈子，一直在研究新的配方。紧接着，我们把它从"笼子"里放了出来①。

---

① 我们称水动乐为"猴子"。

费利克斯的工作非常棒！他和其他部门一起协调了新品的发布活动。最后，我们没有使用透明色作为产品的颜色，而是用了一个"模糊"的颜色。这样，消费者就可以更直观地了解到我们使用了一些含盐的成分，也让水动乐成了运动员的特殊饮料。阿根廷"厨师"豪尔赫·科伦坡（Jorge Colombo）是我们当时的技术总监，他开发了一种非常棒的产品。

当时，我们仅仅在巴塞罗那地区做了一个很有限的推广活动。我们把产品介绍给了一些客户，然后让公证人做了记录，证明该产品已经上市，而后我们向国际奥委会确认我们保留了该类别的赞助权。

长话短说，水动乐取得了意想不到的成功。在几个月的时间里，我们的市场份额已经远远超过当时西班牙地区的其他品牌，成了市场的领跑者。利润也很可观，因为我们听从了一家灌装商的建议，将该产品的售价定高了一些。

出人意料的是，这并不是该品牌送给我们的唯一"幸运事故"。

在接下来的几年里，水动乐继续发展。2000年，取代道格·伊维斯特成为可口可乐新任总裁的道格·达夫特决定收购桂格燕麦公司，他们的旗舰产品就是世界领先的运动饮料佳得乐（Gatorade）。

达夫特将其提议提交董事会批准，但这个提案被否决了。这在企业内部引起了相当大的骚动。同年12月，百事可乐宣布以134亿美元的价格收购桂格燕麦。

迎面泼来一盆冷水。

可口可乐做出的回应是在2001年推出了一款饮料——爆锐（Powerade）。但是这种饮料只在少数几个国家销售。

尽管在西班牙地区我们有水动乐，但还是迫不得已发行了爆锐。水动乐毫无疑问是当时西班牙地区运动饮料领域的老大，所以爆锐仅仅在专业运动员的小小领域中取得了相对的成功。

在接下来的几年里，亚特兰大总部对各国的分公司持续施加压力，要求他们不惜一切代价推动爆锐的销售。道格·达夫特就像亚哈船长一样，书写着自己的《白鲸记》。

我当时是伊比利亚分公司的总裁。我的上级，也就是欧洲集团的总裁，曾是一位资深的英国审计师。他的妻子是一位拉丁裔美国人，我不知道这是否是他不喜欢我们这些说西班牙语的人的原因。

这个人举止粗鲁，他一门心思地取悦道格·达夫特，所以他一直在向我施压，想要将水动乐和爆锐合二为一。他向我许诺，只要水动乐更名成爆锐，就能获得在欧洲市场其他地区一样的大力支持。

就像我说的那样，他做的是一个典型的"会计方案"。他对营销几乎没有任何敏感性，也不尊重消费者。

我没有同意。我解释说水动乐不是一种"真正"的运动饮料，它的目标群体和爆锐不同。这是唯一拯救它的办法。但是对欧洲集团的总裁来说，我的所有说辞都只是让他增加了对我们分公司的敌意，他尤其将不满发泄在了我们的首席财务官但丁·桑蒂尼（Dante Santini）身上。但是我们没有妥协。

后来我们重新收回了水动乐的控制权，很高兴在过去的几年里，我们没有抛弃这个我一直非常喜欢的品牌。

而后我们又更换了一家广告公司，将责任交给了拉什莫尔夫人，她是西班牙广告史上最成功的广告商之一。我们向她提供了一个非常特别的概述:"我们搞不明白水动乐到底是不是运动饮料,但是无论是否参与运动的人都在喝它。在过去的两年里,我们削减了广告预算,但是销售额不断提高。我们想着重强调的是,水动乐的前景比那些专业的运动饮料前景更为广阔,即使它曾经有被爆锐吞并的危险。"

几周后,米格尔·加西亚·维兹卡伊诺、玛尔塔·里科和罗伯托·劳拉提出了我所见过的最伟大的想法之一:一则名为《预言家》的广告,其中有一首人气很高的歌曲。

这则有关水动乐的广告中有一首歌叫《头发》,其中的歌词大意是这样的:

预言家们总是猜错,

没有人知道短信会取得成功,

谁能想到人们会互相发送复杂的短信,

而不是打电话。

在21世纪,收音机的声音越来越大,这不是很美妙吗?

人类是不可预测的。

水动乐,一款运动饮料,

慢跑的人到处都能喝到它,

不做电视广告,我们的销售额还涨了38%。

人们想做什么就做什么。

营销时代结束了吗?

这是水动乐的时代吗?

这个广告大获成功，水动乐甚至得到了和可口可乐一样的关注度。这种直接而诚实的广告打动了消费者，创造了一种属于水动乐的交流方式。从此水动乐不再是一款小众的运动饮料，它走向了千家万户。

其实，从某种程度上来说，水动乐的成功还要归因于欧洲集团总裁对我们的威胁。

我们没有完整的应对策略，只能随波逐流。或者可以说，我们随波逐流地提出了一些应对策略。我有些不知所措，但是没关系，我们做到了。

拉什莫尔夫人继续为我们制作广告。2005年，我们发布了《堂·胡斯托》，是一个关于农民胡斯托·加耶戈的作品。他50年来一直努力用大量的建筑垃圾在乡野之地建造一座宏伟的大教堂，而他本人没有任何建筑工作的背景。

我认为水动乐就好比软饮料界的可口可乐，是一个真正成功的品牌。它为自己设定了与众不同的价值观，吸引了那些会欣赏它的人。

不过正如我之前所说的，很多成功是在不经意间取得的。

我们还发布了几款产品，例如绿茶饮料 V & T（生命和茶的缩写），其抗氧化剂含量和抗衰老作用非常明显，我们将它定义为"可饮用的化妆品"。对，2006年我们西班牙团队就发布了美容饮料，以及水动乐第三代。

其实这两款产品都比较失败，我们也不会否认自己的错误。我至今对这些错误记忆犹新。

造成水动乐第三代产品失败的原因，首先是我的固执。在发布之前，我们没有经过深思熟虑，但是我们接受了失败的苦果。

它的故事是这样的：2005年，没有人预料到3年后经济危机会席卷全球。当时我们西班牙团队如日中天，我们渴望继续成就伟大的事业，也不喜欢亚特兰大总部来指导我们该怎么做……我们花了太多的时间做研发，然后亚特兰大总部从我们这里拿走需要的东西去支援其他部门。

在我看来，伊比利亚分公司就像可口可乐公司中的F1分部：规模虽小但资源丰富，永远引领创新潮流。我们敢于创新，后来很多点子被亚特兰大总部推广到了其他部门。

迄今为止，我们在市场上推出的不同版本的可乐，都是基于剔除消费者不能接受的一些成分而推出的。比如，我们有些版本的可乐是剔除了糖分或咖啡因。

但是百事可乐推出了一种透明的可乐——不过没有造成多大的反响。他们希望能通过改变可乐的颜色来吸引消费者。然后可口可乐美国公司紧随其后，推出了一个清新版本的无糖可乐。但是健怡可口可乐早在1982年7月就上市了，这个新产品几乎没有任何意义。因为可口可乐的颜色并非来自任何神秘的色素，那是焦糖的颜色。

甚至还有一些人希望我们推出一个无碳酸版本的可乐。有些人在点可口可乐之后，会静置一段时间等待碳酸挥发。

如果有人能够推出一个没有碳酸的可口可乐，我相信首先尝试的就是我们伊比利亚分公司。

不过我觉得亚特兰大总部不会授权我们进行这个项目，我们决定在另外的产品中添加可口可乐的风味。对，没有气泡的可乐，就像水动乐一样。

我们一直保守着这个秘密，并且研发出了新配方，最后成品的味道有点像可口可乐软糖。

当时亚特兰大总部的首席营销官玛丽·明尼克（Mary Minnick）有一次到访西班牙，我们在马德里约瑟夫·瓦尔卡塞尔街的老总部的电影院里做了一次演讲。当我们介绍水动乐可乐（我们最开始打算这么称呼这种新产品）的时候，我跟费尔南多·阿梅内多——当时我们的非碳酸饮料主管说："上斗牛场吧。"费尔南多心里很没底，因为他的英语和我们大多数人一样不好，加上他还要到台上介绍"一枚炸弹"。我坐在玛丽的右边，而我的右边是我们的首席执行官马诺洛·阿罗约。我们坐在椅子上，缓缓地将身子向后仰，然后再利用办公椅下面的滚轮慢慢逃离了会议桌……玛丽没有意识到我们的小动作，但是费尔南多看到了。他对我们说："我这辈子都不会原谅你们，你们这帮混蛋！"最后这个项目没有通过。

就在那天晚上，我们和玛丽共进了晚餐。在她起身离开后，我陪她走到了街道上。当时外面还下着雨，我请求她再给我们一个机会，或者说给我们一个"试飞"的机会。之前我和她在塞尔吉奥·齐曼的领导下共同工作过，她对我有一定的了解。她接受了我们的请求，但是告诫我们要谨慎行事，在公司内外都不要做太多的宣传，而且还要避免提及"可乐的味道"。

其实，我知道当时自己已经犯下错误。但是我们的期望是如此热切，它甚至帮助我们找到了绕开障碍的方法。

因为我们不能称其为"水动乐可乐"，所以我们做的第一件事就是把它重新命名为"水动乐V3"（"水动乐第三版本"，我们在原来的柑橘配方中添加了橙色）。

为了不让亚特兰大总部的人被吓到，我们采用了黑白传真的方式发送了这个产品的图样，这样他们就看不出来这个饮料的颜色与可乐的颜色一样了。

我们不能在广告中说这是一种无汽的可口可乐，所以我们的广告商拉什莫尔夫人又创造了一个杰作，她还是使用了和上次一样直白的策略。

在第一个广告中，我们没有透露产品的具体信息。在那段视频中，一位曾代言水动乐广告的演员在旁白中说："在水动乐的市场部，我们研发出了一种新口味。而消费者们也都选择了新口味。正如我们承诺过的，我们会永远倾听消费者的心声。现在我们陷入了困境，水动乐已经失控了。"

而在第二个广告中，我们仅仅改了结尾几句话。正是这几句话揭开了新产品的面纱。在这个广告中，水动乐的代言人以下面的话作为结尾："好吧，我现在有点害怕，我要介绍这个世界上最著名的水动乐了：V3！如果它卖得不好，我可能就要被解约了……"

我们没有使用"可乐"这个词。这个产品味道不错，但是几年以后，它还是不得不退出市场。我为此感到非常难过。

毫无疑问的是，我们以后肯定会尝试无碳酸版可乐。我希望到时候可以自由地进行产品的研发。

水动乐的名字（译者注：原意为"水瓶座"）比其他任何品牌更能概括这一章节的大意："有时，战术决定战略"。因为水瓶座的人正是"人类是不可预测的"杰出代表。

这就是人们的战略计划并不能总是成功的原因。但即兴发挥的战术也不一定会失败。

THREE

CHAPTER

第三章

人为因素

1. 管理者的责任——不打消积极性

一般来说，人们换工作不是因为工作内容，而是为了逃避那些讨厌的上司。

对企业来说，没有什么比有一个差劲的管理者更坏的事了。因为管理者能力不足，就无法发挥员工的积极性，还会带来很多负面影响，比如懒惰、消极甚至更坏的结果。

员工是一种每天早晨进入工作状态的"模拟软件"，他们有自己的生活、担忧和满足感……他们所处的位置或职责的重要程度其实都没有他们作为人类本身来的重要。那些经理人也一样，如果受到不公正的待遇，他们一样会感到难过。[①]

在我看来，鼓励员工上进不是老板们的义务。我相信，每一个人都

---

① 威廉·莎士比亚在《威尼斯商人》中写道："一个犹太人，难道就没有眼、手、感官、感情和激情吗？吃的不是和我们一样吗？同样的武器不会伤害他吗？他不会遭受同样的痛苦吗？难道不能用同样的方法治愈他吗？难道他们的冬天和夏天不像基督徒一样冷热吗？如果他们刺了我们，我们不流血吗？如果他们给我们挠痒痒，我们不笑吗？如果他们对我们下毒，我们就不会死吗？如果他们冒犯了我们，我们是否会报仇？"

要想穿上别人的鞋子，你得先学习怎么脱掉自己的鞋子。如果不能摆脱自己的状态，就不能理解别人的心态。

会在休息的时候反思自己的工作（包括管理人员），并以最佳的精神状态面对每个工作日里的工作。老板们的义务是不打击团队的积极性。但很多人还没搞清楚这一点。

我解释一下——员工在每天上班的时候，不会叫住他的上级，跟他们说："我今天状态不太好，工作也不太顺利。麻烦你鼓励我一下！"

现实的状况应该是，上级要为员工创造一个足够舒服的工作环境来提高他们的生产力，而且要为员工实现目标提供所需的物质和非物质支持。

每个人都有自己的才能。管理人员面临的挑战是，要发现每个人拥有什么样的才华，以及如何应用它们。

我的工作就是发掘这些人才，把他们安排到各种岗位上以获得最佳结果。员工是企业获得成功的基础，但只有管理人员的合理分配，才能帮助他们获得成功。"有空"意味着你的工作不饱和，可能你将工作扔给了别人。因此，多年以来，我一直保持着"没空"的状态。很多时候，有关整理想法、规划团队的工作，我都只能安排在周末。

领导团队时，同理心是最有用的工具之一。将自己置于对方的状态中，才能了解对方的工作状态，或者理解对方在完成工作前面临的真正问题是什么。

要想穿上别人的鞋子，你得先学习怎么脱掉自己的鞋子。如果不能摆脱自己的状态，就不能理解别人的心态。

脱下鞋子，意味着你已经脱离了办公室里根深蒂固的阶级观念，以及我们不知不觉扎根于大脑中的所有偏见。

在我赴亚特兰大担任执行副总裁的演讲中，我根据亚伯拉罕·马斯洛（Abraham Maslow）的马斯洛需求金字塔（马斯洛层次需求理论），提出了一个职场的版本——员工需求金字塔。

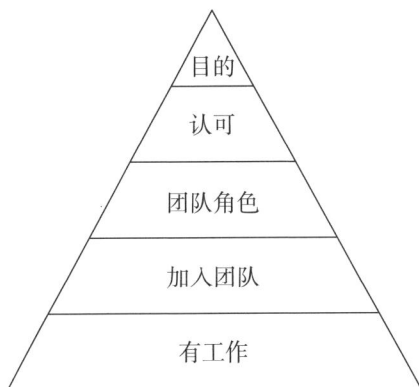

员工需求金字塔示意图

马斯洛将食物与住所等基本生存所需放到了最基本的部分——"生理需求"。与之相对的，我将"有工作"放到了员工需求金字塔的最底端。这是所有人在职场中的最基本需求。

马斯洛需求金字塔的第二层是"安全需求"，而我将员工需求金字塔的第二层叫作"加入团队"。加入一个团队会给人一种安全感，只要团队项目持续进行，员工就会拥有"安全需求"。

接下来，对应马斯洛需求金字塔的"社交需求"，我将"团队角色"分配到这一位置。因为人不仅要参与一个项目，还要成为团队中真正的一分子。

排在马斯洛需求金字塔第四位的是"自尊需求"，与之相对应的，我认为是"认可"。在职场中，上级和同事对自己的工作

上级要为员工创造一个足够舒服的工作环境来提高他们的生产力，而且要为员工实现目标提供所需的物质和非物质支持。

给予重视，这就是认可。

马斯洛需求金字塔的顶端是"自我需求"，可以转化为"持续学习"或"自我完善"之类的东西，但是我更喜欢用"目的"代替它。在企业中，我们要了解每个人工作的意义。每个人内心深处都想要做一些重要的、有意义的事情，而不是仅仅做一些微不足道的事谋求生计。

目标与战略密切相关，没有比让我们的员工参与战略制订更好的沟通方式了。就像你和别人一起做蛋糕一样，没有必要告诉他们蛋糕是怎么做的，因为他正在和你一起动手做。

对如何吸引和留住加入公司的人，我有一个很明确的想法。虽然很简单，但其实并非总能实现。

当一位新成员加入我们的时候，我们首先要为他提供基本工具。这些工具就是"信息和物质保障"。然后鼓励他们提出自己的想法，而不仅仅服从指示。管理者有时会忘记当他们要求下属有想法的时候，下属必须强迫自己花大量的时间来思考，否则会产生挫败感。所以，在他们提出想法之后，管理者一定要认真倾听，认真思考，如果其中一些真的合情合理，那就照着做吧。

当员工看到自己的想法被企业接纳了，就不太愿意跳槽了。

人们无论如何都要知道，个人是自己命运的主宰，要对自己的生活和事业负责。我们不能依靠别人，无论这种依靠看起来有多舒服。高社会福利的国家制度给旧大陆的公民带来了许多好处，但也带来了某些"副作用"，这些副作用目前看起来有些危险。

我们的公民已经习惯国家或多或少地为自己提供各种服务（治安、

教育、卫生甚至就业），这让人们对生活产生了一定的"误解"。社会的便利让我们忽视了要对自己负责，或让我们总是习惯将责任委托给那些能帮助我们的人。我们要靠自己的行动和决定来掌握命运。

然而，如今对自己不负责任的状态已经在我们的文化中蔓延开来，变成了不可忽视的社会风险。

如今，我们国家的年轻人犯罪后第一时间想到的是："我的爸爸妈妈可能要受罚了！"他们甚至会想到要离开熟悉的街区或城镇，却没有被犯罪带来的内疚淹没。

而在美国，如果一个年轻人犯下同样的罪行，没人会责怪他的父母，他将全权对自己的行为负责，社会将让他感受到完整的罪恶感。

如果我们将一切错误归咎于他人（比如你的师长、同事、上级、政府，或者直接归因于"这个混蛋社会"），或在国家退步的同时不逆流而上提高个人素质，就说明我们放弃了自尊。如果我们不去奋而承担责任，这个社会就要遭殃了，可能到处都充斥领着失业救济且心怀妒忌的庸才。真到了那一天，人们就会忘了奋斗，只寄希望于游行示威来为自己争取利益。

我一直对那些想通过自己努力奋斗而成长的人感兴趣。他们想要与他人共同成长，而非牺牲他人的利益。有远见的人也是那些懂得深入研究细节的人。最重要的是，他的身体里依然有滚烫的热血，对自己的工作充满激情，周身散发出积极的能量。

不过，我们不要将积极成长和善良搞混了：积极成长的人是那些积极赶赴前线并带着队伍战斗到底的人。

我们把话题往回转一转。我发现，在多种文化中已经验证的事实，向外部转移矛盾永远是解决内部紧张局势的最好办法。

就是毁灭的力量往往大于创造的力量。

毁灭事物远比创造事物更有趣。我一点都没夸张。如果你对人们说:"放下手中的事吧,我们一起来建一座万里长城或埃斯科里亚尔修道院吧!"很多人会推辞。但是如果你告诉他们:"先别忙了,我们去炸掉长城或者修道院吧(比喻而已)!"我估计会有很多人排队参加。所以,我们不要低估"毁灭"的吸引力。

创造"敌人"(当然是比喻说法)是在团队中产生能量和团队意识的一个非常有效的激励因素。因为我们总是想要从敌人手里抢夺市场,这比开发市场有意思多了。尽管后者(总是这样)更具战略意义。

换句话说,如果你是一名雄心勃勃的海盗船长,缺少外部竞争有可能在船上引发紧张局势。

向外部转移矛盾永远是解决内部紧张局势的最好办法。

2. 为差劲的经验辩护

我的同事兼好友佩德罗·安东尼奥·加西亚·洛佩兹说："你会和谁一起登上珠穆朗玛峰？是和一个写过几本关于如何做到这一点书但从未登上过顶峰的人，还是和一个去过那里好几次的夏尔巴人？"

我认为答案是显而易见的。

老实说，我认为经验是你最好的帮手。只有那些塞了钱才能进入公司的人才会浪费它。

当我23岁进入可口可乐公司时，头几个月我在西班牙各地穿梭，与面包车里的小贩和卡车里的送货员们一起送货。每天我都和送货团的"团长"一起准备第二天要分发的货物，或者与他们一起清理已经交付货物的空箱子。

当时我们在西班牙有16家灌装公司，每个公司都有多个分支机构。我从这些有经验的人那里学到了很多。

记得有一次，在托莱多（那是一条令人绝望的送货线路），我正在和一位团长汇报我的清点结果，突然，一位心烦意乱的推销员出现了。他告诉团长，一辆百事可乐卡车已经进城，他们给我们的一位客户——

一家酒吧餐厅——提供了一个优惠方案：如果买100箱百事可乐，他们就再赠送100箱。客户说他会考虑考虑，并立即联络了我们的销售人员，希望我们在一天以内做出回复。为了不丢掉客户，推销员建议赠送20箱货物挽留住这个客户。

团长沉默了一会儿，然后告诉这名推销员回复餐厅老板，让他接受百事可乐的方案，我们不会因为这种事免费赠送货物。

推销员和我都脸色苍白。在我们的企业中，失去客户是一场悲剧。对"主动"失去客户的后果，我们不敢想象。

推销员忧心忡忡地离开了办公室，但他是个称职的下属，愿意执行收到的指示。当时，20多岁的我质问50多岁的团长，想让他给我一个合理的解释。团长开始给我讲这背后的逻辑："马科斯，百事可乐预算也不太多。那么这200箱来自马德里的货物应该是他们目前在托莱多所有的底牌了。如果我们赠送了20箱，那他们未完成的200箱就会变成不断向我们施压的砝码。最后我们会用掉多少箱？他们用一车卖不出去的货物可能会消耗掉我们20000箱。但是，如果他们把所有的货物都给了第一个客户，就会回马德里了，那么我们就有机会抢占他们的客户了。"

我佩服得五体投地。

学习无处不在。重要的是要有识别和理解它的敏感性。你不仅可以从你的上级或培训课程中学到知识，你还可以从你的同事、供应商、客户和你的员工那里学习。我们只需倾听，把所有这些经历整合到我们的"硬盘"中，然后在每天结束的时候，激活我们的记忆，把我们当时学到的东西与我们面临的具体挑战联系起来。

18年后的2001年，当我还是可口可乐西班牙分公司的首席执行官时，我从"硬盘"中恢复了这段托莱多往事。第二年是皇家马德里足球俱乐部（简称"皇马"）的百年诞辰，弗洛伦蒂诺·佩雷斯（皇家马德里足球俱乐部主席）想把我们和俱乐部签订的年度赞助合同费用增加一倍。

我觉得他有点过分。可口可乐一直是皇马的赞助商（无论是西甲的球队还是其他级别联赛的梯队）。而现在正值庆祝其百年诞辰之时，他们却要单方面废除我们的合同，并到市场上重新竞价。

在与皇马合作了几十年之后，无论是好是坏，他们都没有和我们一起分享喜悦——我们一直支持他们——他们只是为了钱，为了我认为不公平的钱。

当时我想："百事可乐可能会向弗洛伦蒂诺·佩雷斯提供这笔钱。但是如果我支付这笔钱，弗洛伦蒂诺将会公开协议，以证明他的管理比前任更有成效。一旦新协议被公布，不到一个小时后，其他西甲俱乐部也会打电话给我们重新调整合同。如果我们被迫调整了一些，也会给公司造成很大的损失。除了皇马，我们目前还有很多西甲联赛的合约……我们不会多花一分一厘钱。"

我想起了托莱多团长多年前做出的明智决定，于是我对我的员工说："我们失去了皇家马德里。"他们惊奇地看着我。

我接着说："让弗洛伦蒂诺去拿百事可乐的钱吧。"

我们都笑了，认为这是正确的决定。

> 学习无处不在。重要的是要有识别和理解它的敏感性。你不仅可以从你的上级或培训课程中学到知识，你还可以从你的同事、供应商、客户和你的员工那里学习。

3. 共事好于雇用

最能博得人们忠心的是——信任和公平。

对你的团队，你必须慷慨大方，但是公平更为重要。不平等是造成团队损失的最重要因素，而且还会造成成本超支。因此，管理者不能让那些尸位素餐的人从他人的工作中谋取利益。如果管理者一直恪守公平的原则，团队成员就会变得积极向上。但如果制度废弛、任性而为，那麻烦就来了。

夸夸其谈不能赢得信任，身体力行才能建立信誉。

捍卫你的员工吧，不仅仅因为他们是"你的员工"，更重要的是你觉得这样做是正确的。不应该是他们需要你，也不应该是他们听从你，而应该是你需要他们。当他们意识到你为捍卫他们的权益而牺牲了本属于你自己的利益，甚至为了他们而拿你自己的前途在冒险时，他们就会发自内心地支持你了。

有一次，上级部门要求我们减少1/5的劳动力。当时，可口可乐伊比利亚分公司是人均收入最高的分公司之一，而且与其他分公司不同的是，我们的员工队伍是相当优化的。当时，我们正在进行西班牙灌装厂的合并进程，我一开始就觉得收到的指示不太合适，于是立刻拒绝了上级的指示。为此，当时的欧洲集团总裁和我之间产生了非常强烈的冲突。我们为此谈了很多次话，我的压力变得越来越大。我的上级随时都有可能强行解雇我身边的同事。这种情况也使得欧洲集团的人力部门压力陡增。

我从未像那时那样缺乏安全感。当时对其他地区的分公司来说，裁员可能是好事，但是对我们分公司来说，裁员会破坏我们业务的稳定性。

在经历了非常不愉快的两个月之后，我别无选择，只能和上级摊牌："我不接受任何裁员的要求。原因很简单，这样有损我们的业务。我了解你指示的这个操作，也知道你有执行此操作的能力，但我拒绝。如果你要强行这样，请先开除我。"

尽管我们之间的鸿沟很难弥合，但压力慢慢减轻了。西班牙的8个灌装厂合并重组后，伊比利亚地区的业绩突飞猛进。尽管没按要求裁员，却也取得了不错的成绩。这让亚特兰大总部的人大感意外。顺便说一句，此时，欧洲集团要求我裁员的上级已经离职了。

显然，业务的要求在逐渐变化。我们要协调新增的灌装商，出色的专业人士都已经投入到紧张的工作中。因此，我认为在伊比利亚地区，可口可乐进行灌装厂合并工作很有必要，这样才能解决我们已经捉襟见肘的人力短缺问题。

保持透明也可以赢得信任。与所有人共享信息吧，即使某些信息对某些部门而言并不重要。

获得团队的信任很重要，同时我们也要保证不丢掉来自他们的信任。管理者需要冷静、克制。如果管理者不能很好地控制自己的情绪，就会丢掉来自团队的信任。

在我看来，如果管理者在公开场合中摔打文件，那他就不配领导任何团队。

我不止一次遇到过这种情况，经常会有某个地区的负责人对下属大发脾气。一般碰到这种情况，我就会直接给这位负责人打电话，准备与他当面聊聊。当这个人来找我面谈时，他可能会稍微有些担忧，想知道我为何会对他感兴趣。我先会通过一些无关紧要的话题缓和一下气氛，然后再问问他是不是有其他工作问题，或者有些家庭问题……最后，他就会向我和盘托出自己所遭遇的问题。

我其实不应该对自己的这种能力感到自豪，但我总能套出问题所在。我会建议他请几天假，然后找电影《教父》三部曲看看（当然是公司掏钱），休假结束后再回我的办公室聊聊。

几天之后，我们会在一起聊聊电影。如果他专心看了电影，就会发现无论是马龙·白兰度，还是罗伯特·德·尼罗，他们所扮演的教父从来不高声喊叫。真正的管理者从来不需要提高自己的音量。

提高嗓门并不会让一名管理者更好地完成自己的工作；斥责下属带来的只有恐惧和怨恨，这都不利于营造一个良好的工作环境。要是一个人认为大嗓门吵架是工作需要，那他就不该成为团队的一员。我喜欢与那种少说多做的人一起工作，原因很简单，我不喜欢多说，我喜欢那些微笑着不断工作的人。而且处于我这样的年龄段的人，也不喜欢和那些"戏精"共事。

提高音量，是不安、紧张、软弱的表现。我在亚洲地区工作那几年，对此感受颇深。

20世纪90年代初的曼谷，经济空前繁荣，几乎没有人失业。英语水平达到流利或可以接受的年轻泰国管理人员很难招到，甚至有时候我们都留不住自己的员工，很多年轻人纷纷跳槽。在亚洲的文化中，如果管理者脾气失控，可能会被认为这个人完全没有自制力；敢在办公桌上和员工发脾气的老板，可能会失去所有的员工。在他们看来，这种行为就相当于自己的老板在地上打滚哭闹了。总而言之，从那时起，就没有人会尊重这种管理者了。

另外，在公共场合斥责员工会使员工感觉"丢脸"，这会导致一系列无法挽回的问题。可以说，20世纪90年代在亚洲地区工作的时候，我学到了很多关于人事管理的重要经验。

在可口可乐公司，只要进入工厂，无论你处于何种职位、何种部门，都要穿着统一的制服。这不但能体现出对灌装工厂的工作人员的尊重，还能帮助员工更好地了解业务，并让他们学习谦卑之道。他们在穿上制服的那一刻，团队归属感就在心中慢慢生根发芽了。

即使在担任恩康贝斯（西班牙地区著名的包装回收非营利性机构）的主席时，我也一直保持着这种习惯。我想详细了解回收、运输、再利用的全过程。后来我去了非洲地区，尤其是在非斯（摩洛哥城市）的制革厂工作时，即使工厂里的异味刺鼻不堪，我也会经常亲临一线。这么做是非常值得的。

设身处地了解他人的工作非常重要。如果有一天你真有机

提高嗓门并不会让一名管理者更好地完成自己的工作；斥责下属带来的只有恐惧和怨恨，这都不利于营造一个良好的工作环境。

91

会体验别人的生活，我建议你参加这样的活动。这对换位思考非常有帮助。

ONCE（Organizacion Nacional de Ciegos Espanoles，西班牙国立盲人组织）基金会与沙克尔顿公司（一家西班牙市场营销与广告公司）共同制作了一部纪录片，是由我们最好的广告经理巴布罗·埃尔祖加里操刀的，题为《能力和我们能做到的事》（*Capacitados y al que se puede acceder*），如今在油管（YouTube）上还可以看到。

在这部纪录片中，费兰·阿德里亚（Ferran Adrià, El Bulli 的创始合伙人）、玛丽亚·加拉尼亚（María Garaña，当时的微软伊比利亚分公司总裁）和我要扮演一整天的残障人士。费兰要当一名聋人，玛丽亚要坐在轮椅上，我则要扮演一名盲人。我们被限制了一定的自由，但还要做一些日常工作。

1988 年，我离开可口可乐西班牙分公司，之后的两年我一直在广告公司工作。我曾在阿拉斯贝茨集团旗下的南方网工作。我做过几次宣讲活动，自以为了解了盲人的世界。ONCE 基金会的传播总监恩里克·桑兹当时对我评价颇高，认为我非常有勇气。但是直到 23 年以后的 2011 年，在参演了沙克尔顿公司的这部纪录片之后，我才知道自己对盲人世界是多么的无知。

我最开始还误以为拍这部纪录片，仅会让我浮皮潦草地了解一下那个黑暗的世界。但在那天晚上，当我真正摘下了那副让我一整天见不到光明的专用眼镜后，身体上的不适（眼镜的轻微印痕）和心理上的解脱奇妙地混合在了一起。

> 如果没有全体员工的全力支持，那么一家企业很难成功。如果管理者不知道员工的工作、不信任自己的员工，那么无条件的支持又从何而来呢？

要经营一家公司，你必须先了解它。要指挥你的员工，你起码要对他们的工作有所了解。

现在，我发现一个非常神奇的现象：风险投资公司出资后任命的年轻（或者相对年轻）高管们，在根本不了解财务报表的情况下，就敢去做一些决策。他们没见过锅炉、没去过机房，他们犹疑不决地通过 Excel 表格决定员工们的前程，但其实他们根本不了解员工们的日常工作。

如果没有全体员工的全力支持，那么一家企业很难成功。如果管理者不知道员工的工作、不信任自己的员工，那么无条件的支持又从何而来呢？

4. 皇帝的新衣——数据营销

我和总裁穆泰康在波士顿与金融分析师们举行了一次会议。这些年轻人审视着我们的计划，并对我们的业务增长进行评估。他们收入颇丰，还有权通过一个简单的建议决定我们某项工作的价值。

穆泰康讲话时，许多人都在看手机或在椅子上打盹。

不一会儿，一个人举起了手臂，打断了穆泰康，问道："你们的数字营销占全球营销预算的百分比是多少？"

穆泰康饶有兴致地转过头看了看我，仿佛在说："马科斯，这是你的问题！"我看了看这位分析师，回答说，我们的全球预算大约占19%。这个男孩非常有底气地对我吼道："但是我听××（隐去了公司的名字）首席执行官说，他们公司投资了25%。"

我立即告诉这位年轻人，我还没有回答完："尽管我们现在投入了19%，但我们正在研究如何将其降低到14%。"

我的话仿佛有魔力一般，穆泰康惊恐地转过头（他非常了解我）时，那些玩着手机或查看电子邮件的人也立即将注意力投到我的身上，好像在说："这有点意思！"

我拿起手机挥了挥，然后继续说道："我想你们所有人都有脸书、照片墙、瓦次艾普（Whats App，用于智能手机之间通信的应用程序）、推特、色拉布（Snapchat，一款阅后即焚的照片分享软件）、声田（Spotify，一个正版流媒体音乐服务平台）、油管这些手机应用程序，对吗？"大家点点头。我继续道："你们中有谁还能记得上周在这些应用程序中的任何一个里看到了哪些广告吗？"全场一片沉默。

在我提出这个问题之后，有些人回忆了一下，他们甚至还记得几个月之前在超级碗现场看到的广告，但是就是记不起来手机上的那些广告。在场的人都笑了，还有的人记起了笔记。穆泰康在我旁边也笑了，他对我的回复感到非常满意。

我们不能把这两件事情混淆。尽管我们每天手机不离手，但小屏幕上的广告跟电视上的广告比起来虽然更密集，却不够震撼。

的确，手机陪着我们所有人度过每一天，正如我们每天去洗手间一样真实。我们的挑战在于如何将广告植入其中，吸引更多的注意力。

人们对手机广告的关注非常少，我们的拇指在切换屏幕时移动得非常快，而且广告拦截器（阻止广告内容输入的应用程序）正在迅速扩展。产品策划（试图将广告内容与据称对广告内容感兴趣的人联系起来的人）往往会在一个人的手机上推送大量饱和的相同信息，这样就有可能让产品的信息跨过那道从说服到厌倦的底线。

2016 年 12 月 9 日[1]，我在纽约参加了一场有关"饮料—健康"的会

---

[1] 同一天，我在纽约的茱莉亚音乐学院遇到了我的妻子，巴西裔古巴女高音歌唱家安吉莉卡·德拉里瓦。会议结束后，我去了茱莉亚音乐学院见了我的朋友西班牙作曲家兼老师里卡多·洛尔卡。

议，这场会议吸引了很多同行和媒体参加。

我一直认为数字广告——尤其是社交媒体中的广告——估值过高。在这次会议上，我提出了电视广告（仍然）如何比社交媒体广告为厂商提供更好的广告回报。

在那一天，《广告时代》的记者E.J.舒尔茨发表了文章《可口可乐首席营销官认为电视广告比数字广告更有效》。

文章中引用了我的一句话："社交媒体是那些没有真正数字化战略的企业所采取的数字战略。"我绝对支持公司数字化，但在社交网络上投放广告，仅仅是小儿科罢了。

这篇文章写道，当时可口可乐在全世界范围内大概有300个不同的应用程序，其中大部分用户不到10万人。考虑到每个应用程序的开发成本和后续推广成本，人们就能了解很多公司盲目进行的数字扩张了。

这就像一场"淘金热"，许多品牌想在自己的花园里找到石油传给后代。当然，有了品牌的钱，再加上媒体代理商的支持，他们在数字媒体中发现的利润来源比操纵GRP[①]的利润更大。

实际上，电视广告市场已经成为一个相当透明和商品化的市场，其利润多寡大家都已清楚，几乎没有"利润率"可言。但是目前来看，数字广告更为不透明。对媒体和中介机构来说，如果能将投资吸引到新媒体上，就可以攫取更大的收益了。正如专家马努埃尔·德拉里卡

---

① 总收视率（GRP–Gross Rating Point）：媒体传送量的计量单位之一，GRP（%）=100×展示次数/人口总量。

（Manuel de la Rica）经常提醒我的那样，尽管与小型新媒体公司合作数字广告还有收益，但是和脸书等大公司合作的利润率变得越来越低。

我一直对那些营销主管的纯真感到悲哀，他们喜欢讲那些虚假的数字。他们会为获得4600万次点击、点赞、收藏、分享等而炫耀，许多无知的管理者受到蛊惑，听到这些就开始鼓掌了。这是一种荒谬的努力，他们甚至都不知道自己在干什么。

点击数量达到4600万次的影响力相当GRP100%？你觉得一个广告能吸引西班牙所有人观看吗？

那么问题来了：他们得到了什么呢？

什么都没有。

我在纽约的会议上对此提出了警告。我觉得我这种做法有点像安徒生童话《皇帝的新衣》中的那个孩子。当皇帝赤身裸体游行的时候，只有那个孩子大声喊道："他什么也没穿！"这就是我在纽约的所作所为。

我们已经度过了第一个阶段。在第一个阶段中，任何批评在数字营销方面浪费的人都会被称为"老顽固"。只要能跟数字沾边就是真的酷。现代人就是这样，总会将这些不值一提的事情大书特书。

这些点击量缺乏可靠的指标，一切都凭借着荒谬的数据做支撑，我们甚至都看不到它背后的真相。

机器人刷浏览量的丑闻扭曲了真实的数据。2017年3月，也就是我在纽约参加会议的3个月之后，宝洁公司的CBO（首席品

"社交媒体是那些没有真正数字化战略的企业所采取的数字战略。"我绝对支持公司数字化，但在社交网络上投放广告，仅仅是小儿科罢了。

牌官）马克·普里查德用行动支持了我。

杰里·史密斯（Jeri Smith）在商业杂志《鼓》（The Drum）刊登的有关对普里查德的采访中，普里查德提道："他已经厌倦了那些数字平台为了达成数据指标签的协议。"普里查德警告说，丑闻涉及了脸书、色拉布、谷歌等公司，"他们挥霍了我们的钱，"这些丑闻涉及多家公司数十亿美元的广告预算。

在西班牙，H2H机构于2018年2月演示了如何仅用500欧元就可以"伪造"一位网络名人。该机构为女演员阿尔穆德娜·瑞帕蒙蒂创建了个人社交网站，并用500美元"购买了假的俄罗斯粉丝"（显然比其他国家的假粉丝便宜）。阿尔穆德娜借此获得了服装赞助、晚宴邀请和聚会邀请等。

因此，当媒体、数字平台或媒体代理机构轻描淡写地谈论投资回报率时，我对它永远不会感到惊讶。

数字和技术革命是事实，我们不应该对此掉以轻心。在这场革命中，推销员们改变了接近客户的形式，但本质并没有变。

网络广告投资的回报只有广告客户自己知道，其他人对此一无所知。

我解释一下：媒体可以得到的唯一信息是广告商在其媒体中进行的投资额。但是，要确定投资回报率，还要知道同时进行的其他投资额和结果，还要分析所有可能影响结果的因素，包括价格效应、温度、促销、竞争对手的行为等。

唯一拥有所有这些信息的人就是客户自己，除了他们没有人知道真正的投资回报率。

投资回报率取决于产品类别、品牌（因为广告的弹性可能在它们之间有所不同），并且国家和地区也是非常重要的因素。

可口可乐公司非常重视回报率，我们会根据回报率在不同的区域制订不同的营销计划。这些信息是我们宝贵的竞争优势来源。出于好奇，我做了一下研究，可口可乐在21个主要国家进行营销活动，只有菲律宾等3个国家在数字广告的回报率上超过了电视广告。

我们要坚守自己的标准，不要被假象蒙蔽；我们要对生活中不断改变的环境进行研究。而数据或点赞量这些，对我来说不值一提。

数字和技术革命是事实，我们不应该对此掉以轻心。在这场革命中，推销员们改变了接近客户的形式，但本质并没有变。

如果不是对数据抱有怀疑态度的话，为什么大型金融公司不投资比特币？比特币可比德国政府债券听起来酷多了，但是他们没有这么做。

对金融公司而言，重要的是回报率和稳定性。

那么营销人员为什么要坚持这种古板的方式呢？因为实打实的数据是没有捷径可走的……只有数字方式较为容易造假。

也许有一天皇帝会成为整个国家最优雅的人，但今天，他依旧赤身裸体。

5. 不自信者无信心

大型企业通常有常规的人力资源审查制度。比如，每半年领导层就会和团队成员进行面对面的谈话，双方开诚布公地回顾过去一段时间的工作是否在正轨上行进，然后通过谈话内容的反馈对员工的工作进行相应的调整。

不过我对这个流程一点都提不起兴趣，因为对我们这些每天都和团队待在一起的人来说，我们每天都在和团队成员讨论工作的进度，这种形式化的聊天没有必要。但是，这种方式可以保证企业内部建立良好的沟通机制，即使是一个对自己要求很低的官僚机构也会从中受益。另外，这也是企业和员工在未来有关晋升和离职的决定中保护自己的一种方式。

在我们团队的一次会议中，几位同事一直在问我该如何进步。他们似乎想去学习 MBA 的课程，认为这样可能会带给他们一些"其他东西"，某种他们无法用语言形容的东西。

我回答他们说，就算从学术角度来看，他们的学识也已经超过那些课程可以教授的范围了。他们已经拥有了能力，但还

缺乏自信的问题需要靠生活阅历来治疗，这是没有办法通过学习来改变的。

在追求学位。这种巨大的不安全感，就算他们获得了学位也无法消除。

　　缺乏自信的问题需要靠生活阅历来治疗，这是没有办法通过学习来改变的。我建议缺乏自信的人去撒哈拉以南的非洲国家待上几个星期，不要携带手机和信用卡，看自己能否活下去。皮肤逐渐变黑，就好像生活的阅历在你的皮肤上留下了印记。我确信这段经历会让你充满自信。

　　18岁之前还不能拿驾照时，我就和我的朋友阿方索搭车在欧洲旅行。18岁以后，我们开始了自驾之旅，所有的钱都花在加油上了。我们去过南斯拉夫、土耳其，经过北非穿越了阿尔及利亚，到过突尼斯。

　　自从我第一次涉足非洲，就被这片土地深深地吸引了。我和"我的兄弟"马诺洛·普拉萨一直在探索非洲，我们参与了4次达喀尔拉力赛，还有其他3场有关非洲生态的汽车比赛。

　　达喀尔拉力赛可能是世界上最为艰苦的赛事。自从1979年的第一届赛事以来，已经有50多人在赛场上死亡。直到2008年因为战争，7名法国游客在毛里塔尼亚被谋杀，这项赛事才暂停举行。

　　艰苦的达喀尔拉力赛教会了我很多经验。

　　人们每天都可以去健身房锻炼，但这只会让你的肌肉变发达，不会增长你的见识，真实地面对逆境、困难、疲劳、饥渴，才能让你的头脑变聪明。

　　达喀尔拉力赛慷慨地提供了所有的苦难。在这种情况下，就

> 人们每天都可以去健身房锻炼，但这只会让你的肌肉变发达，不会增长你的见识，真实地面对逆境、困难、疲劳、饥渴，才能让你的头脑变聪明。

算缺少必要的信息，我也可以保持冷静并立即做出决定。

达喀尔拉力赛也教会了我如何与他人同舟共济。

我们都是社会性动物，我们知道如何发挥自己的优势。无论是在晚宴上还是在聚会中，我们都可以在社交场合展现出自己的魅力。

但是，如果连续和朋友一起待上20天，而且1秒都不分开的话，肯定会出现一些小摩擦。我们可能会因为睡眠时间、进食时间、寒冷的夜晚、酷热的白天等争吵。那些我们认为很棒的人，可能会在这段时间内暴露他们真正的人性。

我的同伴马诺洛和我大概一起遇到了两万个问题（但我们之间没有出过问题），我们一直在寻找解决方案，没有绝望。我们发现了幽默是多么的重要……我们都知道，我们可以为对方献出生命。

我们看过太多年轻人的团队，他们身体素质一流，汽车性能绝佳，团队最终却分崩离析。因为他们不懂得如何舒缓紧张的情绪，紧张到差点互相残杀。

他们之前所有关于濒死的体验都是凭空臆想的。在达喀尔拉力赛真正向他们展示残酷的一面之前，他们对这项赛事的危险一无所知。

按照同样的逻辑，生活在安全世界中的人，也不会了解死里逃生是怎样的体验。

或许你也可以大谈特谈癌症的危害，你可以想象得了癌症的痛苦，但你无法亲身体会。就算你的密友罹患癌症，你也只能无力地握住他的手。

所有的经验都是有用的。但我真心相信，只有那些经历了苦难或努力，最终克服逆境所得来的经验才最为珍贵。

失去至亲会让人痛不欲生。如果我们是第一次经受这种苦难的话，我们会觉得天都塌了。但并不是这样，我们还要继续生活。

第二次、第三次相似的经历接踵而至，这时我们已经知道天不会塌下来了。当然，失去亲人总是很难熬的。不过这一次我们有过了经验，会更快地整理情绪。我们已经知道人总要面对离别，因为这一次，我们有经验了。

这些经历要么击倒我们，要么让我们成长。这就是逆境的力量。

我想起了美国的一代高级管理人员，他们中大多数人都参与了越南战争——一场无用的战争。在美国，很多年轻人或自愿或被迫地参加了越南战争，那些能从战场上活着回来的人，要么变得极为大胆、有干劲，要么走向另一个极端。罗杰·恩里科（Roger Enrico）就是这样的一个人，当他1983年被任命为百事可乐首席执行官的时候，年仅38岁。在他的任期内，可口可乐和其他竞争对手的关系变得很紧张。

幸运的是，我们成功地抵挡了来自百事可乐的猛烈攻势，与百事可乐的交锋让我们变得更强大、更自信。当面对强大的对手时，人们就会成长起来。毫无疑问，罗杰·恩里科就是一个让我们成长的对手。

1995年，可口可乐再次进入越南。我是负责重新引入可口可乐小组的成员，该小组由可口可乐东南亚和西亚部门总裁安德鲁·安格尔领导，我们部门的法律顾问马克·奥尔森（Mark Olsen）在其中领导"街头业务"。一段时间以来，我们一直在等着美国政府最终解除对越南的禁运。当时我们收到的指示是，一旦克林顿下令解禁，我们就立刻在胡志明市（前西贡市）和河内的所有工厂开工生产饮料，并用涂有醒目标识的卡车来送货。当时，亚特兰大总部也希望我们在解除禁运的同一天，就把全新制作的海报张贴到越南主要城市的所有小餐馆里。但是，在取消禁运之前，美国禁止我们和越南人做任何生意。如你所见，这是多么复杂的挑战！

偶尔，我们会得到即将解除禁运的消息。但是这个消息又会被现实证伪，只能开始新一轮的等待。

在这种情况下进行操作并不容易。即使对像我这样没有美国护照的人，进入越南也是一次冒险。在越南境内没办法使用我们的信用卡和旅行支票，只能携带大量的现金。而且那时还没有移动电话，也没有可以寻求庇护的领事馆。当时，西班牙驻越南的事务由西班牙驻泰国大使托马斯·查瓦里·德尔里贝罗代管。

这时，我年轻时的旅行经历就派上用场了。我在人来人往的市场上穿行，在翻译的帮助下，我问了很多当地人的购买习惯、物价水平以及很多有趣的风俗。我知道我会引起当地政府的注意，所以刻意低调行事。不过我清楚地记得有一天，街上的行人一直盯着我和我的翻译看，甚至有人开始尾随我们。我很快意识到自己犯了什么错误：我那天穿了一条牛仔裤——红色的。这在越南人的眼中绝对是新奇的事物，所以我立刻回酒店换了裤子。

不过我口中的市场，无论是在柬埔寨的金边市还是越南的胡志明市，可能就是一个个老妇人坐在地上摆的小摊。一个老妇人席地而坐，面前铺着一块布，上面摆了一些商品。当时我也看到了一些人在卖可口可乐，所以我会向他们打听可乐的来历、进货价格和售价，以及谁会买可乐。在这样的市场上，可乐几乎都是从中国走私来的。我一般会买下可乐，以感谢这些人为我提供信息，然后把这些可乐送给街上的孩子们。不过奇妙的差别发生了：越南的孩子会带着可乐跑远，在别的地方将其转手卖掉；而柬埔寨的孩子会直接喝掉可乐。

在这些混乱地区见到盟友的士兵是最令人安心的事了。有一晚在西贡老城，我和泰国灌装商克里斯·萨拉辛（Chris Sarasin）辛苦了一天后，在酒吧喝了点啤酒。两名越南军官当时正霸占着台球桌，我们决定挑战一下他们。一场又一场的比赛下来，我们未尝败绩。无论是打台球还是喝酒，他们都被我们打趴下了。后来他们的情绪就有些失控，幸亏盟军的士兵及时帮我们脱离了困境，让我们离开了那家酒吧。

我们回到一开始讨论的观点上来。我一直不认为那些成绩最好的人是最有资格承担责任的人。承担重要责任所要求的素质，是我们在学校里学不到的。

我一直不认为那些成绩最好的人是最有资格承担责任的人。承担重要责任所要求的素质，是我们在学校里学不到的。

所以，这就是我更鼓励那些想要学习深造的员工去亲历生活，而不是到学校中去学习的原因。生活是美好的，但是如果你坐在电影院里欣赏，那你仅仅是一个用可乐和爆米花武装自己的探险家，那是对生活这场伟大探险的浪费。

我一直都很钦佩那些在冒险中不断成长的高管，例如卡洛斯·马丁内斯·坎波斯（Carlos Martínez Campos），他是前巴克莱银行西班牙地区总裁、西班牙地理学会主席，他不仅参加达喀尔拉力赛，还周游世界。他骑摩托车冒险，或者挑战攀登那些著名的山峰。这些经历都赋予了他独特的性格。

高管们可能犯的最严重的错误就是忘记了自己是谁。

不过很幸运，我还记得自己从哪里来。如今我幼儿园时代的同学还都是我的好朋友。我们班上有16个人（拉法、维欧莱塔、费尔南多、鲁佩、比诺、路易斯、布拉斯、卡洛斯、卡梅拉、昆多、阿方索、里卡多、松索莱斯、玛丽卡门和已故的豪尔赫），我们的情谊如兄弟一般。我也一直保持着自己的爱好，包括对摩托车的热爱。我拥有西班牙第一台巴黎—达喀尔特别版宝马摩托车，上面还有着加斯顿·拉希尔（绰号"小比利时人"，两届达喀尔拉力赛冠军）的签名。1985年以来，我的摩托车一直保养完美，随时可以出发。

在生活中你可能会暂时告别很多事物，但最重要的是，你要知道它们不会永远和你分离。多年以来，我一直居住在西班牙以外的国家。在我离开的每一个阶段，我都感到某种"生命的加速"，这种"生命的加速"在我回来的时候就变得很明显了。我再回到西班牙，那些人还在那里。"重新融入"他们很容易，就像时间没有流逝一样，我能很好地理解他们。问题是他们不再理解我了。我发现我们很难分享那些没有亲身经历过的事情。我们还说着同样的语言，但我们已经不在同一个世界了。说不上是更好还是更坏，但的确不在同一个世界了。

接受现实吧。每个人最终都会走自己的路，我们最终会孤独，生活是不同的道路。虽然我们年轻时是同一群人，但随着生活不断向前，我们会减少旅伴的数量（而不是质量）。

每个人最终都会走自己的路，我们最终会孤独，生活是不同的道路。虽然我们年轻时是同一群人，但随着生活不断向前，我们会减少旅伴的数量（而不是质量）。

6. 如果你想当绵羊，就一定会碰上狼

正如我之前所说的，我认为，我们的专业人员学术水平都很过硬（他们在商业、金融、企业管理等方面的知识都超出常人），但是他们总有不安全感，这可能是由于人生体验和阅历不足导致的。

譬如，怎样在公共场合发表演说、如何在多元文化中与他人共事、如何改变工作氛围，这些都是很多人需要解决的问题。在盎格鲁—撒克逊国家中，这些课题已经引起了人们的广泛关注。相比较而言，我觉得它们的受重视程度和对口译的重视程度类似。

另一方面，我认为，现在的父母对孩子的保护有些过了头。精制奶酪、自行车头盔、"一定要和好孩子一起玩"，这些都不能让孩子成长为一名合格的领导者。我感觉没多久以前，孩子们还在扔石头玩呢。现在他们用电子游戏就能得到更多的快乐，但是少了很多头破血流的风险。

我之前已经说过，我对非洲这片土地，以及它的历史、人文、自然风光都充满了好奇。

早在2007年，我就和我的朋友马诺洛·普拉萨和阿里·埃尔科霍（Alí-el-Cojo）一起在非洲的茫茫荒野中共同资助了一所小型学校的建

设工作。现在这所学校已经粗具规模了。我很清楚地知道这样一个事实，如果把这些非洲的孩子带到马德里格兰维亚大道，他们绝对会找到谋生的方式。但是如果把年龄相仿的孩子从我们的城市带到梅尔祖卡的游牧营地，他们肯定会哭得停不下来。

现在许多年轻人都放弃了一些丰富自己的社交活动。在大学里，无论是学习还是娱乐，他们只和志同道合的人一起，后来他们又申请了相同的研究生项目。他们周末一起游玩，在一成不变的地方度假，有着相同的兴趣爱好，甚至看一样的书，到类似的公司工作。最后，他们相信世界就像他们看到的世界一样……他们完全失去了主见。

简而言之，我们要避免自己的生活一成不变，避免生活变得贫瘠。如果要经营一家企业，首先最重要的是要对周围的世界有一个清晰的认识，不能把世界当成自己主观希望的那样。我的哥哥经常批评那些把假期浪费在"网红"度假地的人，他评论说："度假也是自我学习的一部分，把那些人带到高原上去，让他们至少学上一周如何捕捉青蛙或者用石头打猎吧。"

我对年轻一代感到不满的另一个方面，是他们对生活的功利态度。他们渴望自己所做的一切都对自己的职业生涯有所助益，或者直接转化为经济回报。比如，他们去从事某项运动，是因为这项运动"对事业有好处"。他们读一本书，是因为这是一本可能"对事业有贡献的书"。通常对那些事业没有任何帮助的元素（比如一些活动、一些书籍甚至一些友情），他们很快就会找到替代品。这没什么大不了的，因为很快人们就说服自己，去喜欢自己认为最适合自己的东西。

没有什么比现实更有距离感了。遍布机场和火车站的商业书籍，提供的专业知识其实不一定比莎士比亚的著作多。那些文学名著其实包含了有关人类本质的最深层启示，只要与营销或管理领域稍加联系，它们就能为我们的工作提供无限的可能性。

深入研究关于我们作为人的本质，掌握控制我们的情绪的方法，就是最有趣的事情。

情绪处理一直是我们悬而未决的课题。在学校里我们可以学到一切，除了学会认识自己。我们要学会如何管理复杂的情绪，不屈服于它们。

很少有人向我们讲该如何控制自己的情绪。诸如获得或失去友谊，胜利或失败，在同龄人中受到欢迎或被孤立，恋爱或失恋，妥协或背叛，这些都是情感的一部分，对此我们都应该敞开心扉，坦然面对这一切。

感情就像脏了的衣服，只能让亲密的人看见。家人可以帮孩子们梳理情绪。但是，在我们没有将自我认知作为必修课之前，艺术和文学对学习管理感情也有所帮助。

其实，我们可以将那些市面上有关情绪管理的著作换成艾薇拉·萨斯特雷的诗歌——其实名著更有用。

文化和艺术不仅可以用来欣赏，它们更是以不同的方式在解释着这个世界。

其实，商界更需要文化的熏陶。但我也知道，文艺界一直对商界持怀疑态度，艺术家、文学家需要经济支持，但同时又担心与商界过从甚密会污染自己的艺术创作。

> 如果要经营一家企业，首先最重要的是要对周围的世界有一个清晰的认识，不能把世界当成自己主观希望的那样。

但是，有一些杰出的企业家一直生活在文化的怀抱中，例如我的朋友安东尼奥·加里格斯·沃克（Antonio Garrigues Walker），在我与他合作的数年间（2009—2013），他一直担任瓦莱因克兰剧院奖的评审。顺便一提，安东尼奥在大洋上飞行穿梭之际，写了大量的戏剧剧本。

管理人员的工作是准确地了解其业务运作的环境，并据此行事。一般而言，文化使我们能够更好地了解周围的社会，只要我们能够把文化和商业联系起来，就能获得更好的行动思路。

艺术和文化还教会了我们关于毅力、承诺和其他一些事情，这也是我们在大学里学不到的。比如，里尔克（Rilke）的《给青年诗人的十封信》、文森特·凡·高（Vincent Van Gogh）的绘画作品，就让我们从中获益良多。

企业和文艺界之间的关系长期处于互相不信任的状态之中，这种不信任多数源于它们对彼此的无知。而我们之前的刻板印象也让这一状态愈演愈烈。企业家们将文艺视为政治的工具，以及企业互相攻讦的手段；文艺工作者则将企业看作反人性的产物，认为它们对批评和言论自由感到恐惧。

用文化和商业论坛的发起人罗伯特·穆罗（Robert Muro）的话说："在最近几十年中，专业人士、经理人、行政人员和首席执行官们，越来越强调自身的专业与技术形象，而忽视了人文知识这一方面。其实，拥有全球视野的人多数具有一定的艺术和文化常识，而且能将这些知识用于商业分析和战略决策。很多企业已经发现，缺乏文学和艺术素养已经成为自己和客户沟

> 企业不应将文化视为装饰的配件，而应该将文化视为企业发展的重要元素。文化和艺术可以成为员工自我激励的动态元素，也能成为提供与第三方联系的平台。

通的弱项，它们很难理解社会的发展方向。因此，缺乏艺术感正成为企业战略层面的劣势。如今，很多企业在主动了解艺术和文化，希望借此成为与客户及社会沟通的独特方式。"

其实，商界和文艺界之间的互惠互利至关重要，单纯的交易关系是错误的，那样我们就没有办法看清它们彼此能在另外一个领域创造多大的价值了。

企业不应将文化视为装饰的配件，而应该将文化视为企业发展的重要元素。文化和艺术可以成为员工自我激励的动态元素，也能成为提供与第三方联系的平台。

但可以肯定的是，企业和文化共同创造的最大价值在于合作，以达到培养人才、帮助企业不断成长的目的。

在我担任可口可乐西班牙分公司领导人期间（1996—2015），文化产业是我决定发展的重要部分。我们不仅资助艺术家，也借助艺术让自己进步。

从孩提时代起，我就深受西班牙战后文化和抵抗运动中的文艺氛围影响。我的父亲何塞·玛丽亚·德金托，不仅是一名企业家，更是一位戏剧导演和戏剧评论家，是他引领我爱上了戏剧。他在青年时代就和阿方索·萨斯特雷一起加入了一家剧团。几十年后，我也在罗伯特·穆罗及多方面的支持下，以可口可乐公司的名义推出了布埃洛青年戏剧奖。

我一直希望我们的品牌能够帮助一些活动（比如一些能够让数百家教育机构、成千上万的年轻人参与其中的活动）。这样的活动可能要花掉很多钱，甚至够聘请一位名人来做广告了。虽然我不知道两种选择哪一种在商业上更有效果，但对我和我的团队而言，动员数千名青年学生参与文化活动，比让一名年轻的百万富翁多赚一点更有意义。

其实，我一直是一位差劲的文化爱好者：我一直在写诗；电吉他弹得也不太好——但是我会一直弹下去；我还喜欢绘画；我也在著名考古学家米格尔·安吉尔·巴莱罗德的熏陶下爱上了历史；我还是一名世界遗产保护志愿者；当电视画面还是黑白的时候，我还当过一名儿童演员；最近我又在费尔南多·科洛莫的电影中谋到了一个小角色。所有经验都能让人从中获益匪浅，然后以自己的方式应用在职业生涯中。

享受生活、分享体验，这是最好的学习方式。

不幸的是，我们现在的教育机构更倾向于教会我们如何去赚钱，即"打造我们的饭碗"。

我相信，大多数进入著名商学院的年轻人都是为了获得更多的知识，从而为社会和身边的人做出贡献。

希望更多的人能为自己而活，能为人类做出更多的贡献，而不那么急功近利。

7. 透明的力量

愚昧主义会给企业员工造成压力，也是谣言和虚假评论的滋生土壤。有些管理者认为信息就是力量，但错误地仅将其保留给自己。或许还有更糟糕的：由于资讯不对称，团队和领导层对工作进度的了解不一致，从而导致决策失败。

确实，在企业中，信息就是力量。但唯有共享才能发挥它最大的价值。

如今，如果一个人想私藏信息，那他就要冒着被孤立的风险。相反，一个善于和他人共享信息的人，会受到很多团队的欢迎。分享的信息会产生影响，从而产生决定性的力量。在21世纪，力量源于互动，封闭主义的孤独不会有任何积极作用。

在我的职业生涯中，无论是在"高分享公司"还是在"低分享公司"，我都工作过。我说个后者的例子吧，那是我在可口可乐德国分公司工作的经历。对德国人来说，工作就是一件"严肃的事"，所以要避免同事间开玩笑，甚至在走廊里都尽量不要微笑。如果一个人过于幽默，别人就会觉得这个人专业素养不

确实，在企业中，信息就是力量。但唯有共享才能发挥它最大的价值。

高。在埃森的办公楼里，每间办公室都紧闭房门。后来我问别人为什么会这样，他们对我解释说，敞开大门就意味着邀请他人进入，说明这个人不忙，也就意味着这个人懒惰，所以大家都关着房门。

我震惊了，因为在西班牙恰恰相反，人们总是敞开着房门，让大家看到自己在工作。如果一个办公室大门紧闭，我们就会猜测里面的人是不是在睡觉或者偷偷看体育新闻。

我认为，德国的工作文化会导致团队成员间交流变少。

而可口可乐的西班牙分公司正好相反，人们待在一起，聊天交流，可能会在咖啡机旁闲聊很久。或许有人认为这是在浪费时间，但是我不这么认为。通过这些轻松的交流，大家都或多或少地会了解了所有的事情，无论这些事情与某个人的具体工作是否相关。

在管理团队中，保持透明是促使大家共同努力的最佳秘诀。

因此，在西班牙的企业环境下，面对危机和业务紧急情况，调整整个团队相对容易。因为每个人都已经或多或少了解了一些工作背景，并且能快速地了解当下的工作情况。

但假如在德国出现了同样的情况，我们就得把所有员工召集起来，要先向他们说明问题原因，提供背景信息，还要解释一些细节问题，然后才能开始工作。这时咖啡机旁闲聊的好处就体现出来了。

在管理团队中，保持透明是促使大家共同努力的最佳秘诀。

我一直喜欢将我的所有报告直接放在会议桌旁，与每个人一起讨论所有的问题，无论他们是否参与到这些项目中来。我认为，只有每个人（无论每个人承担什么职能、职责）都能参与业务、贡献想法和意见的团队才是一个完整的团队。

我一直不希望团队的成员只有拿着访客证件才能参与到重要的讨论中来。我们所有人都在为同样的业务工作，也有足够的能力就任何问题发表评论，无论它是否属于其特定部门的职能范围。假如有人旁观了一次我们的会议，他可能连谁是首席财务官、谁是人力资源主管、谁是技术总监都分不清，因为每个人都参与了每项议题的讨论。

会议结束后，我们各自回到自己的办公室，对整体的业务流程都有了全面的认识。我们知道自己应该做什么，并且能够在各自的能力范围内做出最适合的决定。

但如果谈论有关业绩或态度等有可能令人难堪的话题，我会选择用一对一的方式。在我看来，公开批评别人是不可理喻的。就算你是在帮助他，也不应该在公开场合这样做。

不要忽视人们赋予管理者的权力。你的级别越高，你在演讲中对某人的一个小小的非善意的举动，就有可能被解释为你对他有极大的不满。在企业中，这样公开表达不满是非常严重的事。如果你不小心犯下了这样的错误，那可就太蠢了。

我从未在公开场合与他人发生冲突，因为这样可能会让另一方断送职业生涯，也有可能招致团队中其他成员的不满。没有人喜欢在公共场合与他人翻脸，那样做总是不值得的。

我们要尊重每一个个体。就算某人在专业领域一塌糊涂，也要尊重他的人格尊严。如果你不喜欢某人的工作方式，也不应该公开嘲弄他，你应该试着向他提出建议，让他改进。如果一直没有办法解决问题，那信息越流通，企业内部就会越安定，团队也就会做出更多的成绩。但如果相反的话，人们之间就会互相猜忌，从而带来更多的不确定性，那么取得成绩也就无从谈起了。

么就微笑着迫使他自愿离开公司吧。

对我来说，透明度的底线是不侵犯他人的隐私权，因为侵犯隐私就意味着侵犯了他人的尊严。只要在允许范围之内，我们就别把信息拒之门外。

信息越流通，企业内部就会越安定，团队也就会做出更多的成绩。但如果相反的话，人们之间就会互相猜忌，从而带来更多的不确定性，那么取得成绩也就无从谈起了。

8. 招聘永远是豪赌

无论做了多么充足的准备，你在聘用一个新人的时候永远都是在进行一场豪赌，你对其确定性不会达到100%。但在解雇一名员工的时候，你一定知道自己为什么要这么做。

求职面试是买卖双方同时进行的交易，双方都试图展示自己最好的一面（候选人展示"技能"，企业展示"项目"），并对此加以验证。

不幸的是，有时会出现这样的情况：当你发现你雇用了一个平庸的人或者不是你想要的那种人，你可能也会决定留下他。这样做既是为了否认自己在选择过程中所犯的错误，也是为了避免重新启动一个新的招聘流程而造成的资源浪费。

对"白领"职位的候选人，企业通常会要求其至少拥有大学本科学历。学历不会保证任何东西，它仅仅是一个过滤器，用于筛选出那些有一定学习能力的人。但是这并不意味着在某门学科的知识储备（或者学习意愿）上，不具备学历的候选者比那些本科毕业生差。

> 无论做了多么充足的准备，你在聘用一个新人的时候永远都是在进行一场豪赌，你对其确定性不会达到100%。但在解雇一名员工的时候，你一定知道自己为什么要这么做。

但我们不能否认，过滤器的存在保证了招聘流程更为高效。

重要的是，学历仅仅是进入企业的敲门砖。就算拥有再多的硕士学位，假如不能为企业提供价值，你很快就会被淘汰。

有人说，工作的有趣之处在于它会锻炼你的学习能力。因为我们清楚地看到，很多人在学生时代学到的东西，在工作中完全派不上用场；只有在"战壕"中，才能学到真正有用的技能。

我曾经管理着阿拉斯贝茨集团的南方代理商网络，而那时管理北方代理商网络的同事叫卡洛斯·德尔·托罗（Carlos del Toro），他是化学专业毕业的。而可口可乐公司最为著名的总裁之一罗伯特·格伊苏埃塔也是一名化学工程师。其实我不太清楚他们对化学了解多少，但是我能看出来的是，他们确实在工作中学了不少东西。

在大学里，我们学到的最重要的东西是学习能力。

可能我们学到的很多知识不太有用，但只要我们能学到学习能力这一项，就会让我们获益良多。

在大学这座知识的圣殿中，我觉得最有趣的地方就是自助餐厅。大多数人在里面吃饭、学习，但你能想到有人居然在里面演奏音乐吗——我可没干过，我是个遵守公共道德的人。

记得有一次我去西班牙ESIC商学院（Escuela Superior de Gestión Comercial y Marketing）开会，我和著名的导演西蒙·雷耶斯（Simon Reyes）及他勤劳的经纪人菲利佩·亚诺（Felipe Llano）一起喝咖啡。当时我跟他们说，下午的餐厅里居然没有人演奏音乐。他们回答说："这是不允许的。"我感到很惊讶，因

一个人不能以"轮到我了"这个简单理由就去当总统，他应该是个"有思想、有规划"的人。只有知道自己的努力能带来哪些改变的人，才会切实承担好职责。

为我觉得音乐汇集了一系列在商界非常有用的价值观和技能，其中包括团队合作、相互理解、救场、协调、胆量和决策速度等，就好像国际象棋能锻炼我们的分析能力、直觉和权衡利弊的能力一样。

在我面试别人的时候，有些问题我一定会问，我希望他们能和我进行更多交流。我想知道他们在生活、工作中最感兴趣的是什么，也想知道他们在生活中最了解的人是谁（老板、同事、朋友等），并希望他们能对此做一个详细的说明。对我来说，我希望能够了解他们具体做什么。很多貌似辉煌且成功的职业人士，在阐述自己的工作时遇到了一些困难。他们可能将自己所在企业的成就背诵得滚瓜烂熟，但对关于个人的事情就说不上来了。

另外，在面试内部候选人并评估他们的职位晋升时，我发现很多人热切地希望获得升迁，但是他们并不知道自己在得到这个职位后"该做什么"。我解释一下，我认为仅仅想"当上"市场总监（举个例子）与想要"行使"市场总监的职责有着本质的区别。

在第一种情况下，人们只是为了满足自己的权力欲，他们觊觎的仅仅是那一把椅子而已，想要的只是声誉、权力和知名度。而在第二种情况下，他们则将该职位作为一种工具，利用它带来的影响力改变或改善事物。当一个人没有认真思考他们能在新职位上做什么（如果该人本应知道）时，他就不是一个合格的候选人。你不能像斯嘉丽·奥哈拉（《飘》的女主角）那样随风而动，对自己说"明天我会考虑的"。

一个人不能以"轮到我了"这个简单理由就去当总统，他应该是个"有思想、有规划"的人。只有知道自己的努力能带来哪些改变的人，才会切实承担好职责。

我记得当我担任可口可乐欧洲副总裁时，我的老板要我通过视频面试可口可乐欧洲集团人力资源总监一职的候选人。当我视频面试她的时候，我向她介绍了我自己，并跟她说，实际上我们的面试可能不仅仅只为她提供欧洲集团人力资源总监这一职位，甚至会根据面试情况为她提供总公司人力资源总监的职位。我要求她对此事要绝对保密，并向她提问了一些有关全球人力资源政策的问题，以及她如果当选可口可乐全球人力资源总监后会做出哪些改变。

这位可怜的女士当时就陷入了震惊之中。而这种情绪是不应该在面试中表露出来的。后来她给我的印象是，她对全球范围内的人力资源工作没有任何批评态度。显然，跟她的履历比起来，她本人更"安静"一些。我们期待的是能冷静分析情况，能提出改进意见，并有勇气在各种困难下都能努力改变现状的人。

当然，过了一小会儿我就跟她解释说，之前说的总公司的职位是捏造的，只是一种试探。相较于从冷冰冰的简历上了解候选人，我更希望通过面谈来了解他们，尤其是对那些要为公司制订战略的人更要如此。

那些只想要位置，但根本没有想过职责的人，让我想到了电影《候选人》（1972年）中最后一幕的罗伯特·雷德福德（Robert Redford），当他最后当选美国总统的时候，他不安地看着幕僚，说："马文，我现在该做什么？"

9. 没有"目标"，商业运作就毫无意义

2018年9月，我在多米尼加共和国的一次会议上与西班牙最好的创意人之一托尼·塞加拉碰巧见了面。我记得他曾对我说过类似的话：品牌成立的最初是有目标的，但随着时间的流逝，他们将目光集中在忙于赚钱和忘记初心上。

对一家上市企业而言，一个季度接一个季度的财务报表并不是一个个令人兴奋的目标，尤其是那些希望成就"伟大"的企业。但不幸的是，现在大多数企业都是以财报好看为目标运营的。

品牌和企业都要时常自省：我们为何存在？如果缺了我们，世界将会有什么样的损失？我们可以在没有目标的情况下赚钱，但如果我们希望稳步前进的话，就不能将目标仅仅限于"赚钱"。

金钱可以激励投资者，但是作为管理人员甚至员工，我们需要考虑更多。努力为股东带来利益总是比仅仅努力为陌生人赚更多钱更具吸引力。

> 我们可以在没有目标的情况下赚钱，但如果我们希望稳步前进的话，就不能将目标仅仅限于"赚钱"。

前共和党人西蒙·西内克（Simon Sinek）在他的著作《为什么开始》（2009年）中，阐述了企业要做的"是什么""如何做"及"为什么"。虽然企业里的员工通常都知道"是什么"和"如何做"，但很多人其实对"为什么"并不清楚。我不会将金钱称为"为什么"，因为正如我之前所说的，金钱应该永远是结果而不是目的。

西内克将那些由外而内展示自己的企业（将"是什么"即产品放在首位）和由内而外展示自己的企业（将"为什么"放在首位）区分开来。的确，通过产品进行自我展示，不如通过目标进行自我展示有意义。目标是一个鼓舞人心的元素，在企业的内外均有作用，可以深入员工和大众的意识中。

> 目的是故事的基础。理解过去，并以一种连贯一致的方式在未来重新解释它，这是企业稳固的基础。

可口可乐公司是各种非酒精饮料（清爽饮料、能量饮料、果汁、饮用水、乳制品和咖啡等）的制造商。这家企业的目标是在合适的时间为所有人提供合适的饮品。因此，可口可乐公司在经营中创造了财富。而我们对质量的保证，则确保了在全球包括任何偏远的地区都能喝到品质如一的数百种产品。

品牌对企业进行了反哺，激发了其价值和活力。

当我在东南亚和西亚地区做营销总监时，我们的总部设在泰国曼谷。一位资深的营销人员克里斯·雅各比（我将永远尊敬他）负责整个亚洲地区的营销工作。他和我讲了一个发生在他身上的故事。

在德国的一次可口可乐内部大会上，克里斯邀请了一位宝洁公司的同行参与。这位同行听了一位产品经理的演讲之后，告诉他说："我太喜欢他的演讲了，我能感受到那种热情。"克里斯回答道："还不错吧，我觉得所有人都和你一样，能感受到这种热情。"宝洁的同行感叹道："太羡慕了，在我们公司，热情也就只能传递给五到八个人。而且只要会议一结束，他们身上的热情也就消失了。"

对那些在可口可乐工作的大多数人来说，可口可乐一直像一种信仰。这是一家可以让员工以企业名字而自豪的公司。没有人说"我在为一个知名的饮料品牌工作"，人们会说"我在可口可乐工作"。其实我很好奇，究竟有多少人隐瞒了自己所在企业的名称，例如"我从事保险工作""我在银行工作"等。归属感（成为某企业一员的骄傲感）总是会在人们谈论工作的时候出现。

正如托尼·塞加拉所说，有时企业会忘记其目标。可口可乐出生于亚特兰大的一家药店，最开始是想做成一款药品，没有想成为一款"毒药"。其他产品没能达到可口可乐的水平，罗伯特·伍德拉夫（Robert Woodruff）的远见居功至伟，是他的营销让参与可口可乐这个事业的人都赚到了钱，制造商、分销商和零售商都赚到了。

目的是故事的基础。理解过去，并以一种连贯一致的方式在未来重新解释它，这是企业稳固的基础。

尽管我已经当上了首席营销官，但是当内部一位经理将我们的企业称为营销企业时，我还是深受困扰。

不，我们不是一家"营销企业"，我们是一家"全品类饮料企业"。事实证明，两者的宗旨截然不同。我们不能低估了自己的品牌和产品结合所带来的价值。不能说"我们擅长营销，甚至卖烟都可以"，也不能说我们骄傲的是"如何出售物品的能力"，而应该说"我们对产品本身感到骄傲，所以我们才销售它"。

我希望我絮絮叨叨的是一些废话。

FOUR

CHAPTER

第四章

团队的艺术

1. 组织架构决定思维方式

　　高管最大的失职，就是无法谋划战略，或者不能制定对策。

　　我见过一些经理人，他们会跟我坦率地讲一些品牌的市场状况，以及他们的一些打算。在他们分享自己正在从事的工作时，我发现他们都是在这些问题上下功夫。

　　我在不同国家的职业生涯中，遇见过不少人跟我说，可口可乐想要实现销售额增长的最大挑战，就是提高产品在家庭中的渗透率，提高与青年团体的联系，以及我们的产品能否成为家庭必备的食品等。但是，当他们给我展示正在做的广告活动方案时，我发现很多人做的工作都与他们打算挑战的问题完全无关。

　　在亚特兰大，有人说："当你拿着锤子时，所有的问题就变成了钉子。"但实际上情况非常不同，因为每个人都有着不同的问题。可能我们拿着锤子的时候，面对的是螺丝钉、图钉、斜纹钉……但你手上只有一把锤子。

　　这种情况出现的频率超乎人们的想象。有时我会面试一些来

高管最大的失职，就是无法谋划战略，或者不能制定对策。

自其他企业的应聘者，在面试中，我希望他们介绍一个自己曾经管理过的品牌，并总结该品牌在发展中遇到的主要障碍。紧接着，我会在几个问题之后再回到这个话题，询问他们针对这个品牌准备推出的一些广告计划。令人震惊的是，很多广告计划和他们几分钟之前跟我说的品牌问题几乎都无关。

我一直对那些机构中的行为惯性和组织架构方式感兴趣，我试图从中学到经验教训，以便在自己的团队受到威胁的时候能够有效地做出反应。

在我担任可口可乐伊比利亚地区总裁的时候，我曾经马失前蹄，但我也看到了光明的一面。

当你拿着锤子时，所有的问题就变成了钉子。

当我尝试将资金分配到不同营销部门以解决某个问题时，我意识到，我们的组织架构制约了我们了解业务的方式，并且制约了我们改善问题的方式。组织架构会影响我们的思维方式。如果不改善组织架构，企业就会出现大问题。

在21世纪的前10年，我开发了一种名为"横向架构"的沟通方式，用以解决企业里大多数平级部门之间的沟通问题。在用了这种方法之后，各个部门间的沟通虽然变多了，却产生了推诿责任的问题。大家都觉得问题出在别人身上，因而不去解决它们，或者只去解决明显是自己责任的那部分。

记得第一次与管理团队讨论这个话题时，我已经收集了一些信息，我和他们聊道："我和大家讲讲今天早上发生了什么吧。当我来到办公室的楼上，偶然间发现了一盏旧油灯，我将它拿起来擦了一下，突然一个灯神出现了。灯神因为我释放了它而对我感激不已，想要满足我与商业相关的3个愿望。"

大家对此都很感兴趣，迫不及待地想听故事的后续。我继续说："我想，如果能好好利用3个愿望让我们的业务突飞猛进，那就太棒了。大家考虑一下该提什么愿望吧，因为我下午要给灯神答复。"

大家对这个挑战很感兴趣，而且他们提出的愿望也都很具体，我记得有：

• 希望人们能消除对软饮料的错误认知，把软饮料当作日常必备的消费品。

• 希望人们在选购商品的时候能够自豪地把我们的产品放到购物车的最上面，并以此为荣。

• 希望酒吧的生意再次好起来，那些正在经历经济危机（2010年前几年）的人们能回到酒吧，尽管这些人可能会优先选择咖啡或者啤酒。

的确，实现这3个愿望可以极大地改进我们的业务状况。当每个人都或多或少地同意这3个愿望对我们在西班牙的业务有所帮助时，我问道："有人能说一下我们曾经为这几个'愿望'投入了多少资金吗？有人曾经认真考虑过这些问题吗？因为我相信要是没有预算或者没有专门的人员为之工作的话，这些愿望就永远都不能成真。"

顿时大家都陷入了尴尬的沉默。

确实，我们每个人都能看到问题。但是由于我们是一个大集团，因此预算被分配到了相应的不同部门里，这些部门会根据"特定于自己"的状况来使用预算。而对这几个"共性"的问题，他们则希望其他人

（可能是天使吧）能为其提供预算。显然，我们的组织架构不仅歪曲了我们看待业务的方式，也歪曲了我们分配资源的方式。我们不能通过给不同的棋子提供资金且在它们只考虑自身生存的情况下，让它们走完整盘棋局。

当然，"天使"没办法赐予我们更多的资源，我们只能巴结那些拥有资源的人为我们提供一些便利。说实在的，这种做法并不新鲜。

2013年，西班牙曾出现过一场名为"祝福酒吧"的活动，人们撤掉了椅子，希望通过减少客人久坐来提高酒吧的客流量，同时也希望人们关注久坐带来的健康风险。

通常，企业会根据其自身的结构模式进行思考，如果他们偏重于产品的实用性，就会偏向于对产品本身的功能进行宣传；如果他们更注重品牌效应或者公司声誉，就会着眼于对品牌形象进行商业操作；如果他们想要"挑战不可能"，那就会运行更高级的商业模式了。

因此，不如直接在工作中越过"神灯"，问自己想让企业实现的3个愿望是什么。当然，还要看一下我们想要完成的愿望、策略及组织架构是否适合。

组织架构经常出现的问题之一就是职能重叠，各个部门总是想要通过职责范围确定自己的领土范围，并在其中筑起高墙，避免别人插足。管理者花费了大部分时间划定界限来确定自己的责任范围。

其实我非常不喜欢这样。当部门负责人在明确其责任范围的时候，大多数情况是想知道他和他的团队不会承担"什么样的责任"。经理人们可能还没有意识到这一点，便在部门之间设立了责任空虚的"无人区"。这就构成了潜在的危险，落入"中立"领域的问题会被大家忽略，而且在问题成为真正的麻烦的时候，他们就会把责任当成皮球踢来踢去。

我对重叠职能这一部分也很感兴趣，如果灰色区域越多，我们就越会对其进行更多的思考，这样也会激发一定水平的创造力和组织的活力。

我一直要求我们的管理人员不要在职责范围之内筑墙。在我看来，企业不能像莫拉莱加的城市规划那样。我在莫拉莱加的城市穿行的时候，几乎看不到旁边的房子，因为每家每户都筑起了高高的围墙。在那样的城市中，没有人看得到邻居在做什么，他们根本看不到别人。

我更希望企业能像一座北美的城市，那里没有高高的围墙，邻居可以在早上互相打招呼，每个人都能看到别人是在割草还是在烧烤。

不过，我经常警告团队成员说："在没有围墙的环境中工作，需要每个人都高度成熟。大家要很好地控制'宠物'，免得它们到隔壁部门的花圃中'排泄'。"

组织架构经常出现的问题之一就是职能重叠，各个部门总是想要通过职责范围确定自己的领土范围，并在其中筑起高墙，避免别人插足。

2. 因为创意的碰撞，小争吵也没问题

企业是想法的加工厂，一家企业的前景取决于想法的数量和质量。虽然创意来自个人，但往往通过团队的建设性辩论对其进行提炼和完善后，这些创意才会产生巨大的价值。

对企业而言，最大的危险就是在内部建立起一种避免冲突的企业文化。如果员工之间和部门之间签订了某种"互不侵犯条约"，就会对一些愚蠢情况变得更为宽容，从而导致腐朽和灾难。

政治正确就像癌症一样，会慢慢接管我们的企业和社会。

人们有时候不太理解，尊重同伴不意味着要自动尊重他们的所有想法；人们也不明白，就算自己的观点不被承认，也不意味着自己这个人不受人尊重。一个人的本性与他的观点这种简单的区别还是存在的。要是人们不理解这一点的话，为什么和伴侣吵架或者辩论之后大家还会继续生活或共处呢？我们也不会无条件接受别人的愚蠢行为，不是吗？

对任何想要保持健康的企业来说，构建一个能产生思想碰撞而又不会引起强烈冲突的环境至关重要。

正如平常一样，责任在高级管理人员身上，他们的行为会影响其他人的工作方式。权力的增加会导致自我膨胀，也会让

人们变得更为不理智。

企业是想法的加工厂，一家企业的前景取决于想法的数量和质量。虽然创意来自个人，但往往通过团队的建设性辩论对其进行提炼和完善后，这些创意才会产生巨大的价值。

销售型企业（专注于内部推销观点）和学习型企业（专注于创意学习和应用）之间存在很大的差异。在一个学习型企业中，对创意进行辩论、分析和实施，是发挥其作用的最佳方式。但在一个销售型企业中，最重要的可能就是寻求某一位高层人士的支持，然后绕开批评（甚至是一些建设性的批评），以便在管理层心中留下好的印象。

如果我们真的看到一些想法带来了新的、与众不同的、必要的和有用的东西，那么所有人都有义务对其进行"激烈"的辩论。对此，我们必须持之以恒，不能灰心。

2014年，在西班牙，我为可口可乐设计了一种被称为"一元化策略"（OBS）的战略，引发了一场重大的战略变革，该战略变革影响了人们对品牌及其扩展产品的理解方式。我们通过将与可口可乐相关的视觉产品逐渐变红，以及利用子品牌进行集中广告的方式，进一步扩大了品牌的影响力。

这一切始于我们的首席执行官兼董事会主席穆泰康，他在2013年3月在亚利桑那州举行的一场会议上表达出了担忧。他认为超市货架上的"那一抹红色"正在消失。如今，人们对含糖饮料产生了质疑，因此我们的产品受到了低热量饮品的冲击（无论是在销售方面还是在营销方面），比如，健怡可口可乐（银色）和零度可口可乐（黑色）的增长更大。这就意味着，我们在超市里的可口可乐产品线（10年前主要是红色）正在逐渐变成银色和黑色，我们正在慢慢丢掉那一抹象征性的色彩。

所有的这些现实让我们发现，可口可乐这一品牌正在发生改变：不仅是原版的可口可乐增长放缓（红色），其他低卡路里版本的可乐的销量也逐渐放慢（因为视觉的差异会造成品牌个性的流失，可能会让忠实客户认为可口可乐不再"纯粹"）。

以上种种，是我开始建立后来被称为"一元化策略"的原因。我们以某种方式将可口可乐重新塑造为一个单一品牌，并通过独具个性的广告活动来制止沉船的趋势不断扩大，虽然有些做法会与原始可口可乐品牌的精神相抵触。

我认为，可口可乐应该是一个超越原来含糖版本可乐的标志，可口可乐"无所不包"，所有的产品都要共享品牌元素，比如红色。我向同事们解释说，保时捷911不会根据是手动挡还是自动挡而宣传不同的品牌个性，可口可乐也不能在宣传的时候犯精神分裂症，每个版本都应该被视为原始版本的（甚至是有竞争力的）升级版。

2015年，我担任可口可乐首席营销官这一职务后，不得不将住所搬到亚特兰大。这是一段非常复杂的时期。因为我们在西班牙已经开始了"一元化策略"的实施。众所周知，这是我一手推动的项目。而且智利和俄罗斯的分公司也加入了我们的行列，大家通过不同的思想碰撞汲取新的知识。在西班牙负责此工作的是新晋营销总监艾斯瑟尔·莫利亚斯（Esther Morillas），他接替了里卡多·桑多瓦尔（Ricardo Sandoval）的工作，后者跟随我一起去了亚特兰大。而在智利，主要是弗兰克·萨尔蒙（Frank Salmon）在负责具体事宜。弗兰克是一名年轻的营销人员，他成长于我们这艘"伊比利亚海盗船"，那时他刚去拉丁美洲没多久。

我们采用了新的设计（拆分红色），其中健怡可口可乐和零度可口可乐的容器上半部分回归了可口可乐最初的红色。而且，我们将原本3个品牌的传播预算整合统一使用。

对某些人来说，他们很难理解基于当前消费者的喜好来决定长期战略的策略。可能有些人觉得，不以红色为包装的可口可乐，对企业的长期发展没什么影响。但是我认为，如果以后真的要禁止可口可乐添加糖分，那么红色的可口可乐可能就难以生存了。"一元化策略"是为了使其他版本的可乐在风暴中能为原版可口可乐保驾护航。

何况，将所有的产品都披上红色外包装，也会让消费者更容易接受那些不含卡路里的产品。那些试图减少糖分摄入的消费者不必再被迫购买看起来像是另外一种品牌的产品（比如零度和健怡）。现在，它们都是可口可乐，它们出现在了相同的广告片中，它们有着同一个颜色——红色。

有时候，我也会觉得压力巨大，想着动静结合，将新策略搁置在抽屉里一段时间。就算我不去做那些在我看来对品牌和业务最有利的事，我的高额薪水也不会减少，但我不是个轻言放弃的人。

最终，"一元化策略"以及伴随其推出的广告活动"品味感觉"（Taste the Feeling）在全球范围内得到应用，旨在振兴品牌，拓展碳酸饮料市场。

更何况我的同事詹姆斯·昆西（James Quincey）当时是欧洲集团的总裁，后来又是首席运营官，这两个职位对推动新模式的发展起着至关重要的作用。

如今，我回首望去，发现该项目所遭遇的最大阻碍，不是理念之争，而是控制了最重要业务之一的经理之间发生了莫名其妙的权力斗争。

过了一段时间，这次行动终于付诸实行了。其结果表明，没有及早采取行动是多么愚蠢。但是那些争权夺利的人已经离开。

我要着重强调一下，市场营销不仅会激励消费者，也会激励整个企业。因此，那些有一定权力（但又没有太多技术知识）的人，总想摇身一变成为著名的营销专家。

这使得专业营销人员对自己本身的领域有着强烈的偏执感。

营销似乎不仅是一项令人兴奋的活动，而且非常有趣。很多局外人认为营销易于理解，也易于发表评论，这就造成了某种职能上的"入侵"。这样会让那些真正对此负责的人感到非常不安。微生物学部门或者财务部门就不会出现这样的困扰。在这种"入侵"下，没有人想要去评论——无论是正面还是负面——掺和进营销工作的高层人员的做法，更遑论修正错误了。

就像我说的那样，其他领域的人对营销部门的"入侵"会造成不良的影响。营销人员对这种入侵感到烦恼，他们不断细化自己的专业知识，试图形成一种专业壁垒，让行业的准入门槛变高。

但这些所谓的复杂障碍也让营销人员感到困惑，他们甚至不知道自己在说什么语言，因此有可能把营销变成一个混乱的巴别塔。

阿根廷代理商桑托公司的塞巴·威尔海姆（Sebas Wilheim）问："我们处在吹牛（bull-shitting）的时代吗？"可能是。

对我来说，营销一直具有一个整合的功能，可以激励整个企业。营销部门应该是一个兼容并包的部门，大家一起攻坚克难，不会有人躲在白大褂后面假装专业。

让营销部门成为孤岛是一个巨大的错误。在企业中，其他部门参与营销活动越多，企业就越容易进步。另外，除了营销部门，企业的其他部门也会以多种方式接触到消费者，这其中没有什么比这些部门不连贯且脱节的工作方式更糟糕的了。美国联合航空公司（美联航）的愿景是，"让每趟航班都为我们的顾客带来愉悦的体验"。愿景虽好，但真的能做到吗？2017年4月9日，美联航的空乘人员暴力驱逐了一名越南裔医生。因为机票超售，美联航的空乘人员想让他下机让出座位，但他拒绝了。接着他就被空乘人员打晕强行拖下了飞机。后来美联航的运营部门不得不为此做大量的善后工作。

企业内部的沟通决定了这个巨大的企业钢琴所弹奏出的旋律。市场营销部门可能会奏响大部分的琴键，但并非所有。因此，当某些部分并不和谐的时候，假装浪漫的旋律听起来就糟透了。

一直让我觉得非常感兴趣的一件事，是所谓的整合营销传播部门。显然，他们要解决的问题是品牌部门（纯营销）与商业部门（贸易沟通）之间的沟通，甚至是企业与外部（品牌公关）之间缺乏协调公关等问题。但是这样问题又出现了，建立另外一个不协调的部门来解决协调问题，会导致更多参与者的出现，问题会越来越大。此外，一个这样的部门（整合营销传播部门）会使企业内部需要与外部沟通的一些部门（例如人力资源、投资者关系、基金会、呼叫中心等）之间的关系变得更为微妙。

如果企业想强调一个整体、协调的形象，那它需要的是一个整合的商业传播部门，而非一个用来协调的营销沟通部门。

真正的风险不是人们在处理沟通问题时想要按照自己的方式行事，而是他们想要从别人可能正在做好的工作中脱颖而出。

最令人头疼的工作，莫过于通过最简单的方式向人们传达企业理念了。为了达到这个目的，我们需要用一个个巧妙的点子将其转化为实际行动。不过实际操作中还是有一些需要注意的问题。比如，假设我们要策划一个精彩的广告活动，就要多方考量选题、代言人和种种创意理念，不能让它们与企业本身的价值观相左，进而避免对整体业务造成影响。

品牌理念是企业价值观和奋斗目标的完美载体，通过品牌理念，不需要任何边际成本就能传递二者。需要注意的是，在实际的广告宣传中，别让它与企业的整体发展方向有冲突即可。

比如，一家企业的品牌理念是"倡导积极生活"，那么在拍摄广告的时候就要尽量避免出现沙发、躺椅这类元素。广告所要传达的信息要与企业战略保持一致。

极少有企业能够通过良好的沟通来挖掘企业内部的巨大潜力，为同一个目标和谐地工作。

大多数企业存在的不作为、职能冲突和内部倾轧问题，都归结于以下原因：一是缺乏统一的奋斗方向；二是同事之间信息缺乏透明度。如果两者同时存在（大多数时候是这样的），那问题就严重了。

3. 权力靠争取

几乎所有企业都经常为企业管理方式是采用集中化还是分散化而争论不休，事实上，这些企业也总是周期性地交替使用这两种管理方式。

中央集权管理方式的支持者通常坐在企业总部，用效率和一致性的论点来证明自己的观点是正确的。而支持权力下放管理方式的人大多来自分支机构，他们会用权力下放所带来的速率和灵活性来证明自己的观点是正确的。

事实上，这两种选择都不错，同时也都很糟糕。

中央集权管理方式往往会限制主观能动性，会限制一线人员的创造力。建立在一种"放之四海皆准"的商业模式上运行的企业，通常会错过某些地区特定的业务机会。如果地方分支机构拥有更大自主权的话，可能就会抓住这些机会。

然而，如果强行推行权力下放管理方式的话，尽管会让一些地区的生意变得更好，但也会带来一些问题——分公司没有母公司的资源，无法完成一些大型项目的开发工作。

在我担任可口可乐全球营销总监时，所有可口可乐在营销领域工作的人（无论是在亚特兰大还是在不同国家的分公司）抱有的最大疑问是，马科斯打算用中央集权的方式管理还是将权力下放。

我想我让大家吃惊了。因为在我就任的第一次演讲中，我就表明了我既不想完全集权化，也不想完全分散化。或者更确切地说，我想两者兼而有之。

事实上，从就任的第一天起，我就实施了所谓的"不对称模式"。在这种模式下，我将那些更重要的品牌和广告集中管理，而将那些相对较为次要的，分散给下面的员工自由发挥。比如对可口可乐、芬达或者爆锐这些品牌，我会进行统一管理，而对雪碧、某些果汁、咖啡、饮用水、某些乳制品等品牌，我会用分散的方式管理。

例如，当时可口可乐的运营工作在一定程度上缺乏一致性，"重建"迫在眉睫。这种战略上的转变（"一体化策略"）和一个新的全球运动（"品味感觉"）的发起，迫使亚特兰大总部开始重新密切协调企业在全球的工作。而在此之前，这种协调工作已经被稀释了。

我认为，权力下放是公司"授权"的一种形式。就像你把权力下放给团队一样，总公司也要把权力下放给分公司。

如果我们把权力是集中还是分散的困境先放一边，关注一下业务情况，可能会带来其他可能性。

授权本身就是一种信任行为。你可以争取对方的信任，或者给予对方你的信任，但它们没办法像法律一样落于纸面。

当企业管理者不想通过产生相对不满来让问题变得复杂时，可能就会催生真正的问题。他们可能会做出一些更绝对且易于管理的决策，但是这些决策可能不一定适合业务现状。

我一直在考虑建立一种制度，在这种制度下，每个行动都可以根据其要求获得独立自主的配额。当然，这要参考战略和之前的结果。就像跆拳道里不同等级的腰带段位，黄带的自主权就低于黑带。

只要规则明确，企业就会从中受益。当然，重复犯错可能会被剥夺"段位腰带"。就像驾照的使用规则一样，触犯交规的驾驶者的驾照会被扣分，甚至会被扣光所有分数。

就像我说的那样，你没有义务信任别人，但是别人有权利赢得你的信任。两者的内涵是不同的。

我记得费利克斯·穆诺兹（Felix Munoz）的一件轶事，他可能是当今美国最了解广告的人之一。20世纪90年代初，费利克斯曾在可口可乐西班牙分公司的赞助部门工作，后来被调往可口可乐西班牙分公司的广告部门。在那之前，我还在担任贝茨集团南方广告代理网络的负责人，之后的一段时间才重新回到可口可乐。在一个晴朗的日子里，费利克斯向我介绍了芬达的一个广告，那是一个有关学校旅行的故事。这个想法非常不错，但是其中有个画面让我觉得有些不太妥当。那个画面是两个男孩要求他们的妈妈为他们的毕业旅行买一个打火机。两个男孩子的表情有点吓人，所以我有些怀疑这个画面在青年人处理家庭关系时会产生不好的影响（毕竟我们的产品主要面向家庭）。但费利克斯强烈要求要保留这个画面。

他太坚持自己的观点了，所以虽然他没有完全说服我，但我还是批准了这个广告。在我看来，他的激情和信念值得肯定。

> 一个经理人的工作不是不断地去纠正别人的错误，也不是去纠结一些细枝末节，他们的真正职责是掌握一切必要的知识，挑选适合具体实施的人才，让他们能够有空间施展才华。

令我吃惊的是，这个广告大获成功，非常棒！几天后，我和费利克斯谈了谈，并对他说，我的办公室大门永远为他敞开，只要他想和我聊时，我会为其提供一些意见，但具体执行由他全权负责。我们在可口可乐的不同部门都工作了很多年（我去亚洲的时候，他跳槽去了西班牙石油公司，几年后我又把他带回了可口可乐公司），后来我又把他从西班牙可口可乐公司带到了美国。

一个经理人的工作不是不断地去纠正别人的错误，也不是去纠结一些细枝末节，他们的真正职责是掌握一切必要的知识，挑选适合具体实施的人才，让他们能够有空间施展才华。

事实上，知道如何聘用（并在必要时解雇）人才是管理人员最重要的职能。同时，还要学会营造团队氛围，为员工提供合适的工作方式，促进团队成功。

4. 幽默是团队的润滑剂

坦诚的沟通在企业中必不可少。然而很多时候，过于刺耳的真话会给人们留下不好的印象。但是我们也不能为了保持良好的形象而选择不去与同事、团队或上级沟通那些会造成困扰的事，因为那样也会造成一定的困扰。

我们面临的挑战是，如何让信息在组织中有效流通。无论是面对好消息还是坏消息，是祝贺还是批评，都需要让人们不产生过度的反感，以保障团队的激情。

所以这不是一个可以避而不谈的问题，而是要学会如何说话。我一直认为幽默是传递各种信息的最佳媒介。每天我从上班到下班，都会保持着良好的心情。好的幽默感会在必要的时候让批评变得悦耳，不过不要太戏剧化了。

当一个企业或管理团队采取"建设性幽默"的基调时，就能够进行更好的沟通，结果也会得到不断改善。

有时，管理人员必须直接向团队成员提供情况反馈，这是最复杂的情况之一。很多时候，有些团队成员的表现并不是那

当一个企业或管理团队采取"建设性幽默"的基调时，就能够进行更好的沟通，结果也会得到不断改善。

么尽如人意。

在本书的前面章节中我们讨论过，在年中审查时，老板和下属会坐在一起，讨论是否完成了年初设定的目标。若老板不太满意有些员工的表现，可能会当面给出一个"值得改善"的评语。

我之前也说过，我个人并不觉得这个过程很有趣。虽然我们要和同事们坦诚相待，但真的没有必要这样做。

当我担任伊比利亚分部的负责人时，有时我不得不对别人下这样的评语，但我决定"以我自己的方式"去做。

因此，我用了一种属于我自己的方法，我开玩笑说这是柬埔寨红色高棉"启发"我的。事实上，我没有与我的每一位部门主管单独会面，而是让每个人都接受一种非常直接的公开"审判"。

当时我把我所有的直属部下都带到了马德里附近的一个地方。

在此一周前，当时的人力资源总监布兰卡·戈麦斯（Blanca Gomez）收集了每个人的匿名报告，其中包括每个人对团队中的其他成员的评价。通过这样的方式，我让每个人都表达出自己对其他团队成员的看法。

布兰卡很好地完成了这项工作，因为就连我也不知道这些评论是谁说的。当然，我之前已经跟他们讲过，要用一种幽默的方式把那些积极或消极的评论润色一下。

布兰卡向每个团队成员发了一张纸，上面写着关于这位成员所有积极和"需要改进"的评论。

开始会议了，布兰卡先投影了一张纸，但并没有说出这张纸上的文字写的是谁。我们都在心里推测写的到底是谁。紧接着，布兰卡又拿出一张纸投影到屏幕上，这张纸上写的是该成员对自己的评价，这次有名字了。

这时，这个人会站起来，先读一遍别人对他的看法，然后发表评论。如果有什么让他感到震惊的文字，他可以询问是谁提出了这个意见。如果提出这个意见的人愿意回应，他们就可以进行辩论。同时，他还可以看一下自我评价和他人评价中有哪些是相同的。

这一切都是在一种轻松有趣的气氛中进行的——客厅很舒服，沙发很松软，杯子里的热饮还冒着香气。

当然，我也逃不了这一关。按照抽签的顺序，到我了。总体来说，我的优缺点与自我认知非常匹配。但是我要让团队失望了，因为我不打算改变那些"有待改善"的缺点。

无论如何，这种"360°的展示"让每个人都能更好地认识自己，也让我们的团队关系更加紧密了。我们都有优点和缺点。与其说这是一个需要改变后者的问题，不如说这是一个让我们都意识到它们的存在，并学会与它们共存、尊重它们和控制它们的问题。

奇怪的是，很多企业都有这样的要求：管理层要向下属提供严肃、有实质内容的意见。我觉得这有些强人所难了。人们天生习惯说一些好话，取悦他人避免发生冲突。在我们西班牙，好像很难把一些现实的但难听的话说出口……就算带着尊重，也没办法把实话说给对方听。对讨厌的人也是这样，背后恨不得剥了对方的皮，但也要维持表面的平和。

我记得一场非常有趣的晚宴，应该是在2013年的一个颁奖典礼后的宴会。

我与一群杰出的科学家以及里斯托·梅希德（Risto Mejide）在同一桌。当时梅希德正在参与一个名为"希望的你"的新锐人才计划。像我一样，里斯托曾是这些项目的评审团的成员之一，不过我不记得具体的类别了。

在晚宴上，我们周围的科学家们一直在吹嘘他们的"智力优势"，把我们晾在了一旁。其中一位科学家向里斯托询问他是否知道这个人才计划，里斯托假装自己知之甚少。

后面他们的对话就变得非常有意思了。科学家们大谈特谈这个项目是多么差劲，他们认为评委们非常不专业，仅靠个人喜好去评判每个项目。他们就好像台下的观众，对着演员们喝倒彩的同时，还要演员们赞同他们的观点。

尽管科学家们有自己的看法，但我知道里斯托非常专业地深入研究了每个项目，他认认真真、不掺杂感情地进行了研究。可能他提出了一些批评意见，但都是出于专业的考量。我认为他的做法非常正确，论点也无可挑剔。

这些科学家们一直在跟我们分享一些愤世嫉俗的评价和怯懦的谴责。这些人在人前谦虚地接受批评，结果背地里却想要把人撕成碎片。

在吃甜点之前，里斯托起身道歉，说自己有事不得不先行一步。他刚一消失在人们的视野中，那些科学家们就开始批评他。我惊呆了，打断了他们的话，表明了我们的身份后，也离开了。

> *远程工作让我们变成了独立经营的个体，人们会觉得企业不再是"人们的企业"，而是"自己的企业"；团队也不再是许多有意思的人的集合，而是仅仅有他自己就够了。*

有人说幽默有一种转折的效果。我在曼谷工作时，发现了一个问题：我们很难在不让人感到"羞辱"的时候指责他们，"脸皮薄"的文化传统让我很难对别人恶语相向。

我记得开始时，工作人员出席会议的时间全凭他们自己的意愿。我对此没有生气，但是决定在下次会议的时候变个小魔术。当我在一场会议前变完一个魔术后，我跟大家说，我会在下次会议前再变一个魔术。就这样，大家口耳相传，大多数人都想来看我变魔术，也就慢慢地变得守时了。

我还记得在亚特兰大总部演示PPT文稿时，总是不断出现各种各样的错误。无论我的团队检查了多少次，语法错误、字体不一致等问题层出不穷。大家实在是太不注重细节了。我决定这样来解决这个问题：我从团队中挑选了3个人，并打电话给他们，让他们和我一起到我的办公室"做个游戏"。游戏内容如下：我们先把打印出来的PPT放到桌子上，然后每人在一张空白的纸上写下自己的名字，并把挑出来的错误写在这张纸上，最后根据挑出来的错误多少给大家发奖品。我记不得当时给第一名的奖品是什么了，但是大家的工作状态认真得让人难以置信。其间我的秘书给我打了个电话，我离开了一会儿，回来之后，我发现整篇演示文稿校对得完美无缺。

我明白，冷静思考不是解决方案。虽然我一次又一次跟他们强调细节的重要性，以及我的演讲是多么重要，但他们都不理解。如果强迫他们去校对，他们可能也会很努力，但是结果可能依旧不尽如人意。

游戏、娱乐和人际接触是团队发展的基本要素。

我把团队理解为一个有凝聚力的"乐队"。在理想情况下，专业领域的惺惺相惜会促进员工间的融洽关系，以及他们在知识层面的相互认可。然而现在，越来越多的企业要求员工具有多项技能，同时承担多种工作。此外，压缩了的办公成本也会导致办公室变成越来越大的开放空间，桌椅也不再分配给特定的人，远程办公逐步变成主流。虽然我知道远程办公对许多人来说有很多不可否认的优势，而且远程办公也会给人一种现代化的感觉，但是我们不能忽略物理距离对企业的中长期发展带来的某些副作用。

这种"没有椅子"的工作方式会使成本明显降低，但不利于培养个人对公司的归属感，也不利于培养团队精神。远程工作让我们变成了独立经营的个体，人们会觉得企业不再是"人们的企业"，而是"自己的企业"；团队也不再是许多有意思的人的集合，而是仅仅有他自己就够了。人们可能每天只想着努力展示自己的个人价值，觉得这样就会为项目做出自己的贡献。

坦白来说，我觉得只要是由人组成的团队，"摩擦"就必不可少，当面驳对方面子的情况也一定会出现。要是你认为一个团队开开视频会议就能建立起情谊，那就大错特错了。两个人没坐在一起喝过咖啡，就不足以笑谈这尴尬的人生。

经过大量磨合已经成型的团队，才可以高效地远程工作。但是对于在人际关系冷漠的远程环境中成长的子孙后代来说，会发生什么呢？

对于工作与爱，虽然可以远程发展，但最好的还是在眼前。

谁知道未来会怎样呢……

5. 创意是企业的动力

没有想法，企业就会放慢脚步，停滞不前，甚至消失。

过度严格的纪律、一成不变的确定性和单一的思维阻碍了企业员工拥有创新的想法，进而阻碍了企业的进步。

如果员工把自己当作企业的所有者，就会转换他们的思维方式："如果这是我的企业，我要做哪些改进呢？"这样的思考会带来更大的价值。主人翁意识会促成建设性的批评和建议，从而让企业不断进步。如果员工只是被管理层推着前行，他们就会变得被动且冷漠。

人类有史以来从未像20世纪那样取得如此大的进步。这在很大程度上源于不同科学分支开始相互交叉。当医学工作者与人类学、化学、考古学或心理学的工作者分享其拥有的知识时，人们的视野忽然就从狭隘变得宽阔了。人们会发现，自己的专业可以为其他科学提供更大的动力。

对拥有高度专业性的人才来说，集体主义是不均衡的，会导致他们慢慢失去创造力。

过度严格的纪律、一成不变的确定性和单一的思维阻碍了企业员工拥有创新的想法，进而阻碍了企业的进步。

这种情况在商界同样存在。封闭的部门、高耸的象牙塔和"信息阻滞"只会减缓创新和进步。我们必须停止在密闭的隔间里工作，要不断交换信息和灵感。所有这些都是为了催生想法和可行的创意，我们要全面考虑其他部门能为我们提供的机会。

有想法相对简单，有好想法则是另一回事了。

拥有海量的信息和数据固然重要，但这并不代表它们已经真正发挥作用了。如今，信息已经是一种商品，几乎每个人都可以访问它们。真正的区别是，你是否可以利用信息为自己带来绝对的竞争优势，是否能够利用同等的信息得出独一无二的推论。

我还记得，我们甚至分析过大型超市的购物小票（早在"大数据"这个词出现之前）。我们发现，购买婴儿尿布的人经常会购买啤酒，但是购买啤酒的人不一定会买婴儿尿布。原因很简单，购买婴儿尿布的人一般都是年轻的夫妇，为了照顾孩子，他们晚上就不能出门了，只能在家里照顾孩子时喝点啤酒。但是，晚上经常在家喝啤酒的人，不一定是一位需要照顾婴儿的父亲。

数据本身并不包含任何想法，想法来自人们对这些数据的解释。人们利用自己积累的知识及人生经历，将看到的数据建立起内在的联系。

数据只是一个诱因。把相同的信息给不同的分析师，可能会产生不同的假设。在同样的条件下，拥有更多知识和阅历的人可能会给出比他人更为合理且丰富的解释。

如今，信息已经是一种商品，几乎每个人都可以访问它们。真正的区别是，你是否可以利用信息为自己带来绝对的竞争优势，是否能够利用同等的信息得出独一无二的推论。

但是信息永远也取代不了创造力，因为无论你做多少研究，都无法弥补想象力缺失带来的空白。

虽然一切都在数据中（在某种程度上，数据就像犯罪的线索），但并不是每个人都能理解它的真正含义。有时，数据也会耍我们玩，因此我们要有"如果数据错了，该怎么办"的意识。

信息过多也会造成混淆。许多人躲在数据背后，拿着越来越多的数据来掩盖他们缺乏想法的事实。

我一直倾向于合理地利用信息，然后对可能发生的事情做出不同的假设。哪怕有时候这些假设互相矛盾。数据建立起了内在联系之后，我再回头看看哪些是有用的数据，哪些是可以排除的。

简而言之，数据永远不会告诉我们该怎么办，我们只能在自己选择策略之后通过数据来验证它。

消费者为我们提供的是线索，最终的策略还是要靠我们自己来把握。消费者不是解决问题的人，我们才是解决消费者提出问题的人。

另一方面，我们可能会对自己的想法倍加呵护，对其产生了母爱／父爱。但和新生儿不同，一个想法可能要面临这样那样的修改。当然，婴儿就没办法这样改变了。

但是年轻高管们之间似乎很流行这样的想法：认为自己提交创意就可以了，他们拥有"犯错误的权利"。

他们带着刚从大学或商学院获得的知识，把自己的想法带到企业里来，等待企业将其付诸实践。当然，他们会认为，自

信息永远也取代不了创造力，因为无论你做多少研究，都无法弥补想象力缺失带来的空白。

己的想法就算错了也不会有任何影响，这是自己学习成长的一部分，错误也是学习的一部分。

然而，这些孩子不久前可能还在周末偷偷开父亲的车出去玩，然后对父亲说："爸爸，对不起，你原谅我吧，我把你的车撞了，但这是我学习的一部分。"要是在我那个年代，父亲们可能随手就甩过来一个耳光。如果他们想学车，为什么不找一辆二手车来练习呢？我们把这个情景换到企业里来，这些年轻人就会认为，即使自己把企业的"车"撞了，也是他们学习的一部分。

有一次，我问一些冲动的年轻人是否愿意借给我1000美元去赌场玩轮盘赌。他们对此有些吃惊。我解释说："如果我输了，我会回来再向你要1000美元。因为我有权犯错误，并继续从错误中学习。"

有时候，在有些高管向我介绍一个项目的时候，我会盯着他，让他们回答，如果把他们的存款和房子抵押作为这个项目的启动资金，而且风险自负，他们是否愿意。大部分人立刻就拒绝了。人们愿意冒险的前提是——用别人的钱。我们再拿轮盘赌打个比方：如果我赢了，我就把钱还给你；如果我输了，我自己承担损失。

这样的话，每个人都想玩。

FIVE

CHAPTER

———————

第五章

———————

裸泳的经理人

1. 诚实经营、努力生存是企业最根本的社会责任

　　在我看来，如果有人认为提供各种社会奉献项目是企业必尽的义务，那我会觉得他有这种想法实在是太愚蠢了。我之所以这么说，是因为一家企业能为社会做的最负责任的行为，就是生存下去。企业只有生存下去，才能为社会创造财富，为人民创造就业机会，为员工带来知识和自尊。

　　确实，一家诚信经营的企业创造了财富和进步，不仅使股东受益，还可以使供应商（从事生产赚取利益）、雇员（提供劳动赚取薪水）、客户（购买商品赚取价值）乃至整个社会（收取税款）都获得收益。

　　因此，一家管理良好的企业不需要感到抱歉。那些从未创造过财富的人才是伪善者，他们靠与企业和社会对抗攫取个人利益。

　　我一直不理解，为什么有些人会怀疑企业家的精神。与其他职业不同的是，任何人都可以来挑战当一名企业家，不需要资格证书或特定的培训。不是所有人都能当飞行员或医生，但

> 一家企业能为社会做的最负责任的行为，就是生存下去。企业只有生存下去，才能为社会创造财富，为人民创造就业机会，为员工带来知识和自尊。

是我觉得人人都可以当企业家。

当一名企业家需要很多弥足珍贵的能力，为了获得资金支持，他要说服很多人（朋友、亲戚、银行、众筹贷款），也要拥有在困难面前坚持下去的决心。

就像我说的，企业本身不需要通过一些所谓的社会"奉献"项目来弥补企业的原罪，也不需要通过这种"奉献"取悦"社会"来获得宽恕。

然而，这种信念在社会中根深蒂固，甚至许多患有"斯德哥尔摩综合征"的企业家也开始将企业的社会责任理解为一种义务，以某种方式回报社会允许他们经营企业……就好像这是一个忏悔的理由。

一个经营良好的企业不"欠"社会任何东西。我觉得，社会反而欠这些雇主一些东西，起码欠一些尊重与认可。

如果强迫企业根据其自身的生产活动为社会提供服务，那就好比一个每天辛勤劳作赚钱的人，回家之后还被强迫去做一些慈善工作一样。我承认，这样的慈善值得称赞，但这不是他们的义务。

问题是，人们不能按照对自身的要求来要求企业。数十年来，无论是左翼还是右翼都认为，只要是得到利益的人，就要拿出一部分利益来回馈社会。这样的想法在人民群众中获得了广泛的支持。

现在是我们所有人消除偏见的时候了。这些偏见，会让那些温顺的经理人们产生罪恶感，从而让他们将手伸向自己的口袋，

> 一个经营良好的企业不"欠"社会任何东西。我觉得，社会反而欠这些雇主一些东西，起码欠一些尊重与认可。

不断地向外掏钱。

在我看来，这些经理人们还是少一些集体主义吧，也别那么实在了。正如我们要为自己的工作感到自豪一样，我们在工作中遵循法律与道德就好了。我们不能仅仅因为慈善行为就选择与那些对自己人滥权的机构合作。

不公正、歧视、骚扰、社保欺诈、不爱护环境、不按时纳税等行为，永远不能被这种所谓的"贡献"抵消。正如我们不能为了得到一些非法勾当的许可而每周末去教堂捐50欧元一样。企业也是如此。就我个人而言，我认为社会不应该被企业"在社会的边缘"留下的企业社会责任项目打动，应该更多地关注企业是否真正地诚信管理，这一点很重要。

"多做善事"固然很好，但绝不能与企业自己本身的责任混为一谈。有些企业关注儿童癌症问题，还有一些企业关注低收入国家儿童癌症问题，甚至还有一些企业关注战乱国家的儿童癌症问题。出发点是好的，但是你确定儿童癌症是这些战乱或低收入国家亟待解决的问题吗？

作为公民，我当然欢迎企业能够做出更多的贡献，但它们不应该取代政府（尤其是民选政府）的职责。解决一个国家的医疗问题，不能只靠一些只有善意的"圣母"来推动。

可口可乐在西班牙开展业务已经有几十年的历史了。从20世纪50年代初开始，它就在一个不受监管、竞争激烈的市场上与对手竞争。

多年以前，事情还不像如今这么容易。当年只有可口可乐灌装商和英国王室向一个仍在遭受战争悲剧伤害的社会提供了帮助。

我们的经济开放是一个相对较新的现象，历史上从未发生过的行业竞争让"圣人"们也应接不暇。新的商业意识诞生了，就像胡安·罗伊格说的那样，公民才是我们新的"老板"。

但就像我说的，时间在流逝，事情正在向一种更合乎逻辑、更自然的方向发展。

我是一名高管，我为自己的身份感到自豪。但同时作为一名公民，我可以自信地说，我们的企业对这个世界的看法，就像最坚定的那些NGO（Non–Governmental Organizations，非政府组织）一样无私且合法。当然，我们比那些只援助钱财的企业更为真实。

我坚信，企业的最终目标是让世界变得更美好，而盈利只是实现这一目标的手段。企业家不仅要创造财富，还要创造幸福，二者有时不可兼得，因为短期大量创造财富可能意味着对环境、家庭和工作环境等方面有一定的负面影响。

因此，从这个角度来看，我不认为企业社会责任应该被理解为"商业成功的代价"，而应该被理解为企业社会责任本身的最终目的。企业社会责任不应该是一种为了让盈利合法的门票，相反，利润会让企业更好地投身于有意义的行动中。每个人都想做一些重要的事，留下一些功绩。那么，就让我们为每天早起上班赚钱感到骄傲吧。

企业能做的远不止花钱，金钱只是我们投身事业的外在支持。

多年以前，确切地说是在2002年，我在《五天》杂志上发表了一篇题为《企业志愿服务》的文章，创造了一个后来被一些人接受的术语。

在文章中，我提到了企业能为一些公益项目提供何种价值，介绍了我们与乐施会、无国界医生组织和红十字会共同开发的"非洲共同行动"计划。我们已经和这些组织建立了联系，并且为它们提供了在非洲开展行动的资金。

我们的理念是："不要盯着我们的钱。如果你认真思考我们的想法，就会发现我们可以为你提供更多。"事实上，我们参与了他们的项目，并利用自己的能力提供了部分援助，我们不只是一个钱包。

首先，我们提供了创意：2002年1月，西班牙正在向使用欧元（新货币）过渡，我们希望大家捐出口袋里零散的比塞塔，让世界变得更加美好。

其次，我们利用可口可乐的分销网络，将这个项目的广告张贴到包括最遥远的角落的任何地方。

最后，我们在西班牙的所有酒吧里都放置了专门设计的存钱罐。

结果非常惊人，我们为这3个非政府组织筹集了远超它们想象的资金。

我摘录了自己当时写的文章的某些段落，认为它们至今依然有意义。

福利国家模式是所谓的"第一世界"创造的一种看似荒谬的模式。在这种模式下，人们的生活水平普遍提高了，但是他们不一定为社会做出了更多的贡献。

但是，我们要认识到政府当局在解决此类失衡问题上发挥

企业能做的远不止花钱，金钱只是我们投身事业的外在支持。

的重要作用。我们不应该放弃自己的公民身份而转向民间和企业来寻求最基础的帮助。

企业更看重的是"融资"能力，而不是"解决问题"能力。企业作为社会变革的推动者，更重要的意义在于提供投资、人才，还有利用专业知识进行战略设计、组织管理等。

当我们看到在社会上表达善意的方式从单纯捐款转向积极的志愿服务时，我毫不怀疑的是，企业表达善意的方式将不得不从单纯的经济贡献演变为企业志愿服务。其实这种志愿服务往往不能与企业可以提供的最优质资产相比。

然而我们不应忘记，企业只有在存在的情况下才能合作，只有在经济上可行的情况下才能生存。作为企业，我们还有很长的路要走。这条路可以被理解为我们都是社会的一部分，我们都是由那些感受周围现实的人组成的，我们希望自己的企业变得更好……我们也想为自己生活的世界做最好的事情。这两个愿望不仅互相依存，而且不可分割。

我认为企业社会责任不应该由某个专门的部门负责，而应该植根于每位员工心中的责任感。同样，为提高社会福利水平做出贡献，也应该靠整个企业来共同努力。

毫无疑问，每一家企业都是变革的推动者，那些在社会上拥有更知名品牌和影响力的企业更是如此。

正如我在本章开头所指出的，一家企业应该以最高的道德标准要求自己，而不是仅稍高于法律的底线。如果要致力于一个社会项目，那么就去努力吧，不要仅捐钱，要贡献出自己独特的力量。

无论如何，我一直反对在大企业内专门设立一个处理社会责任感的部门。

我认为企业社会责任不应该由某个专门的部门负责，而应该植根于每位员工心中的责任感。同样，为提高社会福利水平做出贡献，也应该靠整个企业来共同努力。

最后，正如在企业界的名利场上经常说的那样，一个企业能够做的最好公关，就是让人们对其所做的善行不再惊讶。

除非不断行善，或者从不作恶。

2. 第三次透明浪潮

公开透明是一种已经渗入整个社会并持续存在的价值观念。我个人认为透明度比诚信更重要。因为只要有了透明度，就很容易保证诚信。但如果反过来的话，不透明的诚信就仅仅是臆想了。

在我年轻的时候（比现在年轻的时候），企业只想说自己的产品有哪些优点，无论是长生不老药、鞋子还是汽车，都只说优点。

在20世纪中期，一些社会运动开始要求企业提供更多信息，对象通常是那些在发展中国家以不道德形式发展的跨国企业。在发展中国家大肆砍伐森林或者让工人在恶劣条件下工作的新闻在现代社会引起了广泛的关注。

当要求提高信息透明度的呼声传到企业高层时，他们的回应是："人们真的相信那些鬼话吗？要是他们真想知道这些属于企业的内部事务，那么就买股票加入董事会吧。"讨论到此结束。

事实上，企业间的沟通仅限于提供有关其产品的信息，他们小心翼翼地保存着与生产条件有关的所有其他信息，因为他们认为这是"机密"。

1964年，耐克公司开创了一种颠覆性的商业模式。作为一家运动服装企业，他们自己旗下居然没有一家工厂。就像一些初创企业一样，耐克可能没有意识到这种模式可能会带来风险。

1996年，耐克面临着一场前所未有的危机，原因是《生活》杂志刊登了一张12岁的巴基斯坦男孩塔里克正在缝制足球的照片。尽管有人怀疑这张照片是"精心设计的"（他周围的足球已经充气了，这说明那些都是缝好且正待运输的足球），但是丑闻已经蔓延到了世界各地，全世界都开始抵制耐克。

耐克一直认为，如果自己不进行生产，那么所有责任都应该归咎于生产厂商，至少他们的律师是那么保证的。从严格的法律角度来看，他们的说法可能正确。但他们没有考虑到的是，人们对道德和责任的判断有时跟法律的逻辑不同。耐克显然认为法律比人们的感情更重要。

1998年，耐克的创始人之一菲尔·奈特（Phil Knight）最终决定主动接管监督供应商这一重任。

根据今天的情况，以及我们所经历过的事件，我们很容易判断耐克当时的处境。但是受困于当时的年代，当时的耐克并不了解。

从那时起，发生了两个非常重要的变化。

首先，企业开始更加担心自己的整个价值链，不仅包括企业本身直接与员工干预的过程的一部分，还包括过程中的其他部分。比如，那些被他们外包出去的部分：从原材料供应到产品的最终销售。

即使严格来说企业对这两个阶段不应承担任何法律责任，但他们清楚，消费者对他们已经有了道德上的更高要求，因此企业要在当地法律的框架外，更宽泛地监督加工商和零售商。

其次，发生了另一种转变：大企业逐渐接受了不仅要向公众提供希望透露的信息，还要提供生产环节等原来保密的信息这一事实。消费者的势力不断崛起，虽然那时候能掀起全球性抵制的社交网络还没诞生。

从那时起，企业意识到自己不仅销售产品，还要树立企业形象，要将自己的内部目标和价值观展示给公众。

尽管许多人试图做一个深刻的自我反省："目标是什么？解决了什么问题？指导我们的价值观是什么？"但多数情况下，这些问题都变成了漂亮却空洞的口号。

诸如正直、诚实、责任、尊重、多样性、对社会的价值贡献、领导能力、合作、激情、质量等漂亮口号都被印在了企业总部接待大厅的大理石上。

但现实情况是，人们在观看这些企业宗旨时，都会认为这些口号之间根本没有什么区别，我敢说即使悄悄换掉了都没人发现。

漂亮话一文不值。它们没办法让企业免遭丑闻的影响。让我们来看看一些著名企业的使命吧。先从这个开始："我们的使命是利用员工的知识、创造力和努力，为客户创造价值，从而为股东带来更高的回报。"这就是雷曼兄弟的使命。

"创始人的名字刻在门口。因此，我们的客户知道，我们的诚实和道德是保护他们利益的基石。这就是我们企业的标志。"这句话来自伯纳德·麦道夫公司，大家可能还记得，后来麦道夫因为欺诈而锒铛入狱。

企业意识到自己不仅销售产品，还要树立企业形象，要将自己的内部目标和价值观展示给公众。

"对于和我们一起开车的男男女女，我们的应用程序是一种新的灵活的赚钱方式。"这是优步（Uber）的使命。后来优步的首席执行官特拉维斯·卡拉尼克（Travis Kalanik）和两位年轻女士在一次乘车过程中，与司机争论劳动和经济状况的过程都被摄像头记录了下来。特拉维斯为此宣布辞职。

再来看一个名句："我们是包容性文化的捍卫者，我们努力吸引和发展一支以人才和多样性为基础的劳动力队伍，以创造和提供反映当今和不断变化的世界面貌的各种内容。"是的，这句话出自哈维·温斯坦（Harvey Weinstein）领导的温斯坦公司（The Weinstein Company）。就是那个让#MeToo运动风靡世界的男人。当我住在亚特兰大的时候，和他见过几面。我相信他的外表不会骗过我。

正如你所看到的，许多企业所表达的价值观和使命不一定能落到实处。基本上他们说的仅仅是一个愿望，而不是一个实打实的保证。

这就是我多年来一直在推动"第三次透明化浪潮"的原因。这一浪潮旨在回答公众关于"企业高管到底是什么样的人？他们在想什么"这两个问题。

我的意思是，企业大门上的漂亮字眼很好，但这些价值观真的被企业的员工当作金科玉律了吗？人们已经失望太多次了。以至于人们现在想要得到更多的信息："别再跟我们说贵公司的宗旨了，我只想知道贵公司高层的原则是什么。"

但答案肯定与在人们要求企业提高透明度时企业给出的答

漂亮话一文不值。它们没办法让企业免遭丑闻的影响。

165

案一样："你知道总统是怎么想的吗？我觉得我们要做到这一点！虽然这是他们隐私的一部分，但是我们需要知道高管们的价值观、原则、政治理念、宗教信仰等。"

这与20世纪90年代的浪潮一样。无论你喜不喜欢，未来的日子里，企业高管们将在玻璃房中工作，他们的言行将受到密切关注。毕竟，企业仅仅是档案、资料和房子，而有灵魂和价值的是人。

价值观属于每一个人。他们在成长过程中养成了自己的价值观，而后就不易改变了。有时候我认为，每当一个人跳槽后，就公布他所获得的薪水，这样就可以体现他创造的价值了。但事情没这么简单。据统计，一个人在职业生涯中可能会换多达17次工作。

社会要求的不仅仅是产品或企业的透明度，还有商业领袖们的透明度。如果你想成为一名领袖，那么你就别无选择，对此只能接受。

你必须表达你的意见，将自己放在公众的目光之下。

20世纪80年代，银行家们叱咤风云，我们都知道他们的媒体形象，但实际上没人听过他们真正说了什么。这样的日子不会再有了。

谈到透明度，就不得不说起我和穆泰康一起出席的一次会议。当时我们正在和金融分析师们开会，讨论一场针对含糖饮料的抗议运动。

可口可乐公司是食品行业为数不多的能够为客户提供所有产品的无糖版本的企业之一。此外，我们的信息绝对透明，标签上写着关于含糖量等所有的信息。

但是，《谁知道哪里》系列节目将我们归类为"不特别推荐"的产品。真是虚伪！因为如果真的是糖的问题，那就应该禁止食用糖类，而不是单单针对饮料。

然而，正如我已经说过的，有些人对污蔑他人非常感兴趣。他们想把别人变成替罪羊，从而分散社会的注意力，让他们注意不到那些藏在柜子里的恶魔。

在那次会议上，我告诉与会者，透明是一种不可阻挡的现象，很快就会在食品行业生根发芽。在这个行业里会出现两种不同的企业：一种是可口可乐这样的企业，它们祈祷尽快全部透明，因为这将使业内所有产品的内容都公开，从而使自己受益；另一种是那些希望永远保密的企业，它们害怕透露其产品中的饱和脂肪、卡路里、盐或者糖的含量给消费者。

作为投资者，我问你："你想投资哪种类型的企业？"

我认为答案很明显，可口可乐做得更好，而其他企业的产品就有些言过其实了。

3. 他们让你走上街头吗

在一些论坛上，我经常被问到的一个问题是："为何你所在的企业允许你在推特上如此活跃？"

我想他们真正想问的是："你的领导怎么能允许他的员工掺和这么多麻烦事？为什么你敢在包括政治在内的各种问题上发表意见？"

我的回答总是一样的："在你所在的企业里，你会被允许在街头、酒吧或餐馆里大声说出你的想法吗？"

实际上，每一个经理人都要尽可能地贴近社会。走出舒适圈，到街道邻里中去，和那些非专业人士面对面沟通。除了现实中的街道，虚拟街区——社交网络也是重要的互动途径。网络让我们接触到了平时很难接触到的人。

而那些不敢直面街头的人，就只能把自己关在臆想的城堡中，被环境绑架，危险地远离现实生活。

另一方面，当我想使用推特的时候（大约在2010年），公司里有人告诉我不要这么做，还有些人甚至连推特是什么都不知

自由是人们自我认知的体现，首先你要尊重自己的自由，才能让别人也尊重它。

道，有些人则刚刚注册了脸书。

我知道一个人可以每天工作8个小时甚至12个小时，或者为了工作贡献出自己的整个周末，就像我很久以前做的那样。但是如果企业告诉你在工作以外，言行举止还要受约束的话（不仅仅是高管，还有普通员工也是一样），那就有点夸张了。

更重要的是，那些受过培训的高管可能会出现这种问题。

当我开始使用推特时，可口可乐并没有给员工发邮件说："我宣布你们都可以拥有一个推特账户。"

我已经做了我想做的和我认为我应该做的……我从来没有向公司里的任何人请求过许可，就像公司里的任何人都没有想过要阻止我一样。

当人们向他人询问"我可以这样做吗""在你们国家这样做可以吗"之类的问题时，说明可能规定不允许做这件事，人们是在小心翼翼请求许可。如果我问"能不能使用推特"，那不就证明推特是一种不被接纳的事物吗？

当然，一个企业的经理人必须假设他的员工们有责任心、有判断力。如果经理人不信任员工，那么他在制定政策的时候，可能会把员工当作不负责任的青少年。

自由是人们自我认知的体现，首先你要尊重自己的自由，才能让别人也尊重它。当然，我一直知道我是谁，我代表了谁。这两件事必须协调一致。在我没有处于工作状态的时候，我的言行在我看来是合适的。是的，我一直尊重别人，也很礼貌。不过也许有人会觉得被冒犯了吧。

西班牙是一个非常矛盾的国家：它一边呼吁自己的企业家走进社会，又纵容那些打着"公民社会"的人进行网络暴力……如果我们予以反击，那些人就会开始说："这是怎么回事？！"在虚拟的街上闲逛，就要做好一切准备。

我在推特里的名片是这样写的：

我是一个航行时不挂旗帜的海盗。我不会试着说服你，因为这样会让你怀疑自己的信仰。这个账号不代表可口可乐，仅代表我自己。我就是一个海盗，我喜欢叛逆、不服从，永远不会放弃对自由的掌控。尽管这可能让我上绞刑架。

"不挂旗帜"是指我痴迷于独立思考。我一直以我的不可知论为傲，这种不可知论使我免于成为政党的意识形态奴隶、足球俱乐部的体育奴隶或者任何教派的精神奴隶。我尊重他们，但我在政治、足球或宗教方面没有"团体"，这给了我一种难以放弃的自由。

我曾经（现在仍然）引以为傲的，就是我的正义感和自尊，没有别的了……仅此而已。

我不是激进分子，甚至不是不可知论者……但我不介意人们这样看我。因此，"我不会试着说服你，因为这样会让你怀疑自己的信仰"。这句话说明我对改变他人的宗教信仰毫无兴趣。我在推特上或者在这里写的每一个字，都不是为了吸引粉丝。我希望人们能够略微清醒一些，思考一下自己是否追随了那些不值得追随的人。或者反过来说，自己是否值得那些粉丝追随自己。

就像我说的那样，当你走到街上（无论是现实还是虚拟中）时，麻雀们总是叽叽喳喳吵个不停。

2006年，教皇本笃十六世（Pope Benedict XVI）在访问西班牙巴伦西亚的时候，我们在莱万特的灌装厂为教皇的来访准备了免费的饮用水。慕名而来的游客挤满了图里亚市区，除了提供大量厕所，人们当然也需要喝水了。我们认为宗教活动不适合进行商业推广，也就没有进行大规模的宣传，但LGBT（女同性恋者的英文lesbians、男同性恋者的英文gays、双性恋者的英文bisexuals、跨性别者的英文transgender的首字母简称）群体还是进行了针对可口可乐的大规模反对游行。

显然，这位教皇曾经发表过一些"恐同"的言论，引起了LGBT群体的愤怒。

组织活动的知名活动家尚盖·莉莉（Shangay Lily）对我发起了攻击。我告诉他可口可乐无论在佛教、穆斯林还是天主教国家，都会为这样的活动提供免费饮水。并且可口可乐西班牙分公司是最早为"自豪日"（LGBT Pride Day）赞助花车的公司。而在德国担任可口可乐营销总监的时候，我没有赞助（是商业化赞助，不像这次）著名的"柏林爱情游行"。而且，他不明白的是，我们赞助某个人或某项活动（我们曾经赞助了数千名艺术家），并不意味着我们对他们一生中的每一句话都表示赞同。

和往常一样，他们最不想看到的，就是可口可乐破坏了他们的"十字军东征"。把可口可乐和我钉在十字架上，给他们带来了无法洗刷的恶名。他们不愿意承认可口可乐和我不是恐同者，更不愿意承认可口可乐和我都支持性选择自由。虽然这些对一些企业来说还是禁忌。他们只是想要借助我们宣传自己罢了。

好吧。

经历了这个小小的危机（我在社交媒体上火了一把）之后，2013年我又经历了另一场危机。

当时我在加拉帕戈斯群岛（厄瓜多尔），有人威胁我，让我立刻停播在Tele5频道里一个名为"夏令营"的节目里的可口可乐广告。因为那个节目里有一幕是利用巧克力覆盖了一个人的身体。天主教的某个不知名教派对此非常不满，他们的领袖比拉尔·普里莫·德里贝拉发了一些特别激进的推文。他们认为一个成年的女人不应该让自己的躯体成为真人秀的一部分。

他们的领袖发布了大量的侮辱性推文，说会一直号召抵制可口可乐的产品，直到我们撤掉广告为止。2013年8月27日，我在推特上回复道："如果你喝可口可乐的前提是我必须像你一样思考，我宁愿你不喝。说真的。"

跟他们讲我们没有资助这个节目也没有用。我们只是把广告投放到有观众的电视频道中，根本不知道广告前后会播放什么内容。加上我们相信每个人都有观看节目的自由，如果你不想看，关掉就可以了。如果有问题的话，你也可以选择告上法庭或者进行投诉。但是，你不应该通过干涉我们投放广告的自由来提高自己的道德感。

这些人要求我离开可口可乐总公司。成千上万条的推文几乎都来自僵尸用户。当时詹姆斯·昆西帮我顶住了压力。当然，我一开始就拒绝离开亚特兰大，詹姆斯非常尊重并支持我的选择。

可以看出，顽固的极端主义也有类似的模式：

- 将一个道德模式强加于社会。

•寻找一个能引起他们"十字军东征"共鸣的替罪羊（经常是那些"背信弃义的美国跨国公司"）。

•通过谎言、骚扰和侮辱寻求回应：如果得到了，他们就会欢呼雀跃，愈演愈烈……如果没得到回应，他们也会继续……直到他们累了……

对此，有两种解决方式：一种是放下脚步（这是简单的方法），另一种是继续前行，不屈服于敲诈、勒索或威胁。

我一直坚持选择后者。

如果你喝可口可乐的前提是我必须像你一样思考，我宁愿你不喝。

4. 伟大变革不会屈服于小小威胁

事实上，可口可乐并没有利用自己的财力在各个国家扩张，而是选择了一种当时具有创新性的模式，即"特许经营"。

在我的职业生涯中最为自豪的一件事，是我促成了可口可乐西班牙地区灌装商的重组工作。

这次重组避免了一场重大的"灾难"，我们成功阻止了跨国集团收购可口可乐在西班牙的业务，避免了"野蛮"重组的发生。

事实上，可口可乐西班牙公司的这一段历史被人歪曲了。有一家灌装厂里的工会成员（他们根本代表不了工人的权益）在媒体上大肆抹黑可口可乐西班牙分公司。灌装厂的领导层没有立刻予以驳斥，同样我们也没有这么做，因为我们根本不知道发生了什么事。那家灌装厂内部矛盾重重，所以我认为完全控股是个好主意。

最后的结果是，我们将伊比利亚地区的8个灌装厂合并。这是可口可乐西班牙公司在经营过程中最伟大的故事之一。这不但避免了一些盈利颇丰的小型装瓶厂被实力强大的国际集团完全控股，还让我们在西欧地区的灌装业拥有了话语权。

正如我所说，伊比利亚合作伙伴在面对外部威胁的生存之战中取得了胜利，在保护我国大多数装瓶厂的斗争中取得了胜利，保住了数以千计的工作机会。我们在法庭上击败了那些试图通过并购渔利的人。但是我们输掉了宣传之战。其实我们与冲突没有什么关系，一小群享有特权的工会成员故意攻击我们的品牌（与他们有"冲突"的装瓶商不拥有我们的品牌），目的是为了获得更大的知名度，混淆公众舆论。

对那些不熟悉可口可乐业务的人，我先解释一下我们的组织结构。简单地说，可口可乐公司生产糖浆和浓缩配方，然后卖给被称为"灌装商"的企业，这些企业在各自的市场上包装和销售产品。

可口可乐就是这些业务的核心。我们进行品牌营销（因为这是我们的品牌），监控市场、调整工艺、制定政策、监督灌装商们的工作。

这种商业结构就是典型的"特许经营"制度，可口可乐开创了这种制度。

直到第二次世界大战之前，任何想要在世界范围内扩张的企业都是通过在本国创造利润并将其再投资到下一个国家的方式来实现扩张的。这一过程延长了扩张周期。

第二次世界大战期间，可口可乐建立了一个"便携式"装瓶厂网络，与美军并肩作战。这是战后迅速扩张的种子。事实上，可口可乐并没有利用自己的财力在各个国家扩张，而是选择了一种当时具有创新性的模式，即"特许经营"。

我们在各个国家寻找那些愿意花钱来建立装瓶厂并建立销售和分销网络的投资者。这些灌装商们开始购买我们的精加工产品（糖浆、经过处理的水、碳酸等），并获得了可口可乐的专利技术。

这产生了一个非常有趣的现象：在20世纪40年代后期到50年代初

之间的几年中，可口可乐在一个由当地合作伙伴组成的壮丽网络的支持下，迅速在整个地球上传播。在通信仅限于航空邮件和电报的时代，我们成了第一家真正意义上的跨国企业。

矛盾的是，可口可乐尽管没有以一种全球性的方式管理企业，但它代表了全球企业的典范。就像我说的，当时的通信不像今天这么便捷，而且加上当地灌装商的性质不同，导致可口可乐在当地经营的业务都非常本地化。比如在日本，可口可乐看起来就像一家日企；而在澳大利亚，可口可乐则采用一种澳大利亚的模式；在我们西班牙，可口可乐就很有伊比利亚风格。

这种结构非常重要，保证了可口可乐公司（浓缩物的品牌和供应商）与瓶装公司（浓缩物的收购者，最终饮料的制造商及其销售商）之间的区别。这是可口可乐成功的基础。

虽然可口可乐的企业结构相对较为简单，但灌装企业在资本（工厂、装瓶线、车队等）和劳动力（工厂员工、销售人员等）方面都非常密集。

21世纪初，西欧的灌装系统基本上由三大主要灌装商运作。而在西班牙，零散的小罐装商们使系统增加了以下内容：

• 可口可乐（欧洲）集团，是一家覆盖英国、法国、比利时、卢森堡和荷兰的灌装公司（在纽约证券交易所上市，可口可乐总公司持有少数股权）。

• 可口可乐希腊灌装公司，是一家覆盖爱尔兰、意大利、奥地利、瑞士和东欧国家的灌装公司（已上市，可口可乐总公司持有少数股权）。

● 可口可乐德国分公司（可口可乐总公司所有）。

● 西班牙8个独立罐装公司组成的小集团，是100%西班牙本地持股。
这些覆盖了西班牙地区的公司有：卡斯贝加、科贝加、诺贝加、阿斯图
贝加、贝加诺、科尔贝加、伦德尔苏尔和瑞夫基。

如你所见，大多数罐装商都是跨国企业，以及可口可乐公司持股的
罐装商。但是在我们国家，则由多家独立于可口可乐的罐装企业共同
运营。

在我们的常识中，大型企业会通过优化管理结构来支持广阔范围内
的管理效率。就算在希腊这样相对较小的国家的企业效率，也比在西班
牙由多家企业共同运营的效率更高。

这一现实给迄今为止还算成功的可口可乐西班牙地区的业务埋下了
隐患。在欧洲地区，货物的自由流通允许国际客户（如家乐福、阿尔迪、
乐购或瑞威等）从多个国家获取商品。从这个角度看来，我们在西班牙境
内的罐装厂并不一定比邻国的厂商更有效率，也有可能比不过百事可乐
公司的效率。这样看来，欧洲地区确立一个统一的罐装商可能更有效率。

无论是可口可乐欧洲集团，还是可口可乐希腊公司（均为上市公
司）都需要一个可靠的增长项目，以保证投资者继续购买我们的特许经
营权，维持股价。对所有罐装商而言，这种增长可能主要来自两种方式：
一是增加其当前地区的销售量；二是扩大其经营范围，占领更多国家的
市场。

2000年年底，罐装公司就出现了这样的危机。在我们之前提及的
企业中，互相之间出现了竞争的紧张关系。我们迫不得已出让了一些伊

比利亚地区的市场。正像之前提到的，欧洲地区迟早要确立一个统一的灌装商……而且我们还得考虑到，当时西班牙地区多数小厂商的协议即将到期，他们各自为政的运作模式前途未卜。

在这些大集团的环伺之下，西班牙地区合同的续签工作取决于可口可乐方面的意愿。如果要签约的合同数量越多（因为有很多确定要继续合作的公司合约已经到期），这些灌装商在其他欧洲对手面前就越不利。因为这些对手也想染指利润丰厚且运作良好的伊比利亚市场。

与国内的灌装商们共同走到了今天，我非常钦慕他们对商业的热情。我认为外国集团的到来（这似乎是不可避免的）会毁掉他们努力建设的一切，这是不公平的。因为看到了其他跨国灌装商和当地工人之间经常爆出的矛盾，就很容易猜到在西班牙会发生什么。

在为时两年的谈判中，不断的会见、分歧、磋商……都可以写一部长篇小说了。

我之前一直都在和灌装商们争论各种各样的问题。现在我站到了他们的阵线上，努力协调，帮助他们应对未来的挑战。虽然我们之间有着明显的分歧，但是我们一直对彼此非常尊重。因为长远角度来看，我们知道大家都是为了可口可乐在西班牙的共同事业而努力。

对我来说，领导他们的任务并不容易，因为尽管灌装商已经意识到他们的业务受到了外部威胁，但他们对可口可乐的不信任感与这种威胁不相上下。

确实，虽然大家明白只有联合才能应对外部威胁，但是很多人在情感上没有为此做好准备。我特别要感谢人称"佩佩先生"的何塞·道尔莱拉·弗兰科（José Daurella Franco）的帮助，他是索尔·道尔莱拉的父亲，那时他已经退休了，现在已经去世。佩佩先生眼光长远，经营谋略独到，他是西班牙灌装厂的老板之一。

毫无疑问，无论采取何种策略，都需要他们进行必要的合并，这是他们一直以来心里就明白但一直回避的问题。

这种合并可能会提高它们的竞争力，优化它们的结构，增加它们的特许经营权的价值，说不定以后还会为它们与欧洲其他灌装商进行股份交换博得更多的谈判筹码。因此，2011年1月，我们在一家酒店进行了一个复杂且艰难的谈判，旨在将分散（且可优化）的西班牙灌装企业进行系统整合。2013年3月，我们在马德里的皇家剧院，与新的伊比利亚地区灌装合伙人集团签订了长期合同。

在为时两年的谈判中，不断的会见、分歧、磋商……都可以写一部长篇小说了。

我们经历了所有可能出现的情况：从"两两合并"到"全部合并"；从最开始的互相尊重，到后来有些人甚至通过引进外资来威胁我们……

值得注意的是，西班牙灌装企业的大多数大股东最终都想打这场战斗。有些人可能更"重视"自己的特许经营权，希望通过谈判拿到一大笔钱，然后抽身而出……将工厂和员工的命运交给外国集团。但是除了少数这样的人，西班牙地区的多数灌装商依然团结一致，不想放弃自己的企业和员工。

正如电影《角斗士》中最后一幕的经典台词："这里有人在军队里吗？不管从这些门里出来的是什么，只要我们一起努力，我们就有更好的生存机会。你明白吗？我们团结在一起，才能生存。"

　　"我们团结在一起，才能生存。"事情就是这样。更重要的是，我们不仅生存了下来，而且还让西班牙人索尔·道尔莱拉（Sol Daurella）成了世界上收入最高的可口可乐灌装商——可口可乐欧洲伙伴公司（Coca-Cola European Partners）的总裁。但我们不要操之过急。

　　那时对我来说，至关重要的是获得了西班牙灌装商的信任。尽管他们了解我，也知道我是一个坚定不移的人。但是我清楚他们完全有理由为了利益在亚特兰大总部面前，从背后捅我一刀。

　　我必须要感谢一下当时的总裁穆泰康，他顶住了许多利益集团施加的压力，一直给予我信任，让我能够以自己的方式推动这个进程。他访问过西班牙几次，一直对我表示大力的支持。

　　当时我有能力将灌装商的合同延长到2012年底。虽然当时没有正式谈妥，但是我成功地说服了穆泰康。对西班牙人来说，最好的办法是谈判，不能让他们感到被威胁。

　　但是刚刚签署了延期协议，事情就又有点紧张了。

　　在整个过程中，最初对立的两极出现了：索尔·道尔莱拉领导的集团和胡安·路易斯·戈麦斯-特雷诺（Juan Luis gomez-trenor）领导的集团。不过虽然他们对商务运作有着截然不同的看法，但好在二者都非常认同可口可乐的品牌和业务。

　　对我及年轻有为的索尔来说，我们希望有一个光明的未来……而胡安·路易斯，作为老派商人（他的企业是西班牙第一家灌装商，已经和我们合作86年了），他对这种要改变业务进程的操作持有怀疑态度。

　　但我知道，没有对过去的尊重，就不可能有未来。在任何情况下，我们都不应该"打败"胡安·路易斯，而应该"说服"他。

有时我们会意识到，企业并不像商学院中讲述的那样。企业是创办者生活中重要的一部分。要牢记这一点。

因此，整合过程是在多个层面上进行的：理性的商业思维、个人经济利益、自我认同、对未来的"叙述"……我要尊重理解这一切……还要在风暴到来之前，把灌装企业的利益带到安全的避风港。

事情最复杂的那段时间，我邀请胡安·路易斯到我在托雷莫顿的家吃晚饭。他和何塞·伊格纳西奥·科默尼奇（jose Ignacio Comenge）一起来到这里。科默尼奇是这次重组中不可或缺的人物，他和胡安·路易斯渊源颇深，极大地帮我们推动了重组进程。晚餐不太顺利，直到一个转折点的到来……外面的雪太大了，客人不得不留了下来。

最后，虽然灌装企业之间达成了协议，但是各自的著名律师和投资银行数量太多了，似乎阻碍了这个协议的推动。2012年11月，新公司的股权结构确定，多方就合并后的不同估值也取得了一致。2013年1月，该合作协议正式生效。同年3月，灌装企业获得了长期运营合同。

装瓶商的正式整合完成，我的工作就几乎完成了。从那时起，新的灌装商——伊比利亚合作伙伴公司①——承担了生产和

> 企业并不像商学院中讲述的那样。企业是创办者生活中重要的一部分。要牢记这一点。

---

① 这个名字最开始是我提出的，指的是我们在伊比利亚地区的"伙伴关系模式"。索尔后来到欧洲灌装企业工作后，将新的企业命名为可口可乐欧洲合作伙伴公司。

销售的双重任务。他们要确保合并后的公司能够良好地运行下去……与此同时，他们还要准备一个一体化计划，以确保能够实现良好的协同效应。

当然，任何合并都会带来组织结构的变动，因此可能会减掉冗余部门。我们不再需要8个IT部门、8个财务部门或任何8个什么部门，有一个比原规模略大的部门就可以了，但不需要2个、3个乃至8个。

有可能销售网络不用改变，因为广大的市场还需要服务。

至于工厂选址的确要改一改。可口可乐在西班牙的工厂基础设施是20世纪50年代设计的，主要考虑的因素是当时落后的交通状况。例如，在阿利坎特和瓦伦西亚各有一家工厂。在20世纪50年代，从瓦伦西亚到阿利坎特（187千米）的公路路程可能要花上几个小时，尤其是对不能在狭窄的单车道公路上超车的卡车来说，可能时间会更久一些。如今交通发达了，所以更明智的做法是大幅提高其中一家工厂的产量，比如瓦伦西亚工厂，然后将阿利坎特的工厂改造成办公室。

新的灌装企业领导层由前灌装商的CEO们组成，由维克多·鲁法特（Victor Rufart）领导，他的领导能力毋庸置疑。

在消息公布的前几天，我接到了索尔·道尔莱拉的电话，他此时已经代表新灌装商伊比利亚合作伙伴公司（Iberian partners）了。他说，根据新的物流模式，他们打算关闭一些工厂，包括马德里附近的富恩拉夫拉达工厂。我觉得有些惊讶，但他告诉我说，维克多·鲁法特会稍后跟我详细解释。

我很感谢维克多能够礼貌地通知我这件事。因为伊比利亚合作伙伴公司虽然是我们的灌装商，但实际上它是一家完全独立的公司，没有义务向我们汇报其重组计划。我唯一希望的是——考虑到他们正在进行的重组并非出于经济原因，希望受影响的员工将得到绝对无可挑剔的经济赔偿。维克多向我保证了这一点。

2014年1月22日，即与维克多交谈一两天后，灌装企业向工人代表公开了他的计划，并将消息发布给了媒体。我打电话给索尔询问他们是否已经主动把计划通知了员工，因为员工有权得知这一消息，不应该通过媒体才知道自己要下岗了。

不过他们没有这样做（我知道那几天对所有人来说都非常混乱）。所以我帮他们联系了西班牙农业部长、就业部长和马德里自治区的主席。

此后，灌装企业与工会成员举行了几次会议。

由于没有经济问题，伊比利亚合作伙伴公司提交了"组织和生产原因的就业监管文件"，提供了当时任何一家企业解雇员工时能提供的最为慷慨的遣散费用。

为了理解这一点，有必要做一个简短的总结。在合并之前，伊比利亚的灌装系统主要有：

- 21家生产工厂（西班牙15家，葡萄牙1家，5处水源地）
- 5500名员工

当时欧洲地区在一体化的浪潮之下，整个法国仅有两家工厂。
伊比利亚合作伙伴提议的项目包括：

- 关闭21家工厂中的4家：其中有阿利坎特、科洛托（阿斯图里亚斯）、帕尔玛和富恩拉夫拉达的工厂，其中一些工厂在高峰时段的产能为全部地区的42％！

- 在剩下的17家工厂中选择7家——科鲁纳、毕尔巴鄂、巴塞罗那、马拉加、塞维利亚、特内里费和瓦伦西亚——提高产量，扩招工人。

- 影响员工（约5500名员工）估计为1253人，包括如下解决方案：调换部门、提前退休或终止合约。

最离奇的是，当时西班牙政府正在推动劳资改革。伊比利亚合作伙伴公司决定提供远优于新法律框架内的条件，但是工会成员居然借此理由反对企业提供的方案。他们居然放弃了自己的利益！

我认为员工解决方案是最重要的一点。灌装商向受影响的员工提出了以下解决方案：

- 对那些决定保留现有工作但搬到其他厂区的人：距离目前的住所超过75千米的，将一次性提供15000欧元的交通费用，或者每月提供500欧元（为期两年）的租房补贴。

- 对选择终止合约的人员：45天内赔付18个月的工资，并向每位员工提供一笔一次性10000欧元的补偿，或者在20天内赔付12个月的工资（这是当时标准的解决方案，后来企业没有批准）。

- 对选择提前退休的人：58岁即可提前退休。

在当时处于经济危机中的西班牙，这是一个异常慷慨的提议。但是，居然有些媒体（令人惊讶地）批评了伊比利亚合作伙伴公司提出的条件。

当时，一小撮来自富恩拉夫拉达的激进工会成员看到了可口可乐品牌的吸引力，决定将这个问题变为政治问题，从而胁迫伊比利亚合作伙伴公司。对此稍后我会讲到。

最离奇的是，当时西班牙政府正在推动劳资改革。伊比利亚合作伙伴公司决定提供远优于新法律框架内的条件，但是工会成员居然借此理由反对企业提供的方案。他们居然放弃了自己的利益！

在整个西班牙受影响的1253人中，上千人接受了我们提出的提议。但来自富恩拉夫拉达工厂的238名员工没有和我们达成协议。

富恩拉夫拉达工厂的工会成员们真的太让人惊讶了。企业为他们提供了超过10万欧元的解约金（是的，没错，是2014年的10万欧元。西班牙总统2018年的收入才80853.08欧元）。

这两百多名激进分子要求大家集体抵制可口可乐，从而使所有留在公司的同事的工作陷入困境（余下的4000多人陷入了两难的境地）。其实他们完全明白重组非常必要，但他们就是想联合那些已经接受关闭瓦伦西亚、塞维利亚和巴塞罗那工厂的人，让大家过得不那么舒服。

其实我们都明白，伊比利亚合作伙伴公司与其员工之间没有冲突。仅仅是来自富恩拉夫拉达工厂（最终没有关停，改建成了物流仓库）的一小批激进的特权工会成员在反对西班牙其他地区的工厂和其他工友，以及反对伊比利亚合作伙伴公司。

从这个意义上来说，他们对媒体的声明很有意思：他们吹嘘自己曾经拿的高工资，仿佛是在吹嘘自己与前任灌装企业老板们的"谈判"能力。但事实上，他们为富恩拉夫拉达工厂这个技术领先的现代工厂带来了经济危机，也成功地使这家工厂成了利润最低的工厂。要知道，它曾是西班牙最核心地区的工厂，是西班牙地区维护得最好的工厂，最后却落到这般田地。

他们指责伊比利亚合作伙伴公司的新董事会对富恩拉夫拉达一无所知。这也是无理取闹。因为新企业执行委员会里的7名成员中有5人曾是卡斯贝加的顾问，而卡斯贝加正是富恩拉夫拉达工厂的控股公司。

富恩拉夫拉达的工会成员完全就是胡说八道的典范：他们证明了寄生虫一般的工会是如何将地理位置优越的现代化工厂弄倒闭的。他们还在2014年7月的谈判中，将农业食品部的部长赫苏斯·比利亚尔（Jesus Villar）排除在外。因为他们认为赫苏斯不能保证他们的利益。赫苏斯是一个非常理性的人，他意识到了这一小部分激进分子正在对伊比利亚合作伙伴公司和可口可乐这一品牌实施暴行。

我之所以这么说，是因为他的工会部门负责人，一个一生中从未创造过财富的人，曾多次因攻击和威胁他的一些同事而受到谴责。

我们——可口可乐西班牙分公司，悲伤而无力地看着这些人正在伤害我们的品牌。他们很少提及灌装企业，而是利用"可口可乐"的品牌获得更多的媒体曝光。我们想做出回应，但是灌装企业要求我们不要干预。他们认为"下周"一定会有结果。但是时间太久了，这些享有特权的工会成员们编造了一个又一个故事，展开了一种虚假的营销，给他们带来了一种自己做梦也想不到的媒体形象，他们重新塑造了自己作为激进主义专业人士的生活。

他们搞不清、也不明白可口可乐伊比利亚公司与伊比利亚合作伙伴公司之间的关系。在他们看来，灌装商关闭哪些工厂、裁掉哪些员工，都是我的决定。

具有操纵性的工会主义者却非常了解真相（我与某些决定或他们的司法诉讼无关），他们只是想要引发公众误解：越混乱越好。

我的推特上充斥着侮辱性的消息和各种威胁，这显然是有人操纵的。伊比利亚合作伙伴公司和可口可乐伊比利亚公司的管理人员们都很困惑，我们明明主持了一场非常有必要的重组，且仅仅有两百多名员工反对而已。

我还记得在我年轻的时候，大概是1973年，当时工人们也在进行反抗活动。当时我非常敬仰他们的勇敢——比如马塞利诺·卡马乔、尼古拉斯·萨多里奥斯和帕科·加西亚·萨尔维。但是现在这帮能拿到10万欧元的工人领袖，更像是埃利亚·卡赞的电影《沉默的法则》里的野蛮人。

回顾过去，我为一切感到自豪。

因为我知道我在做的是挽救整个西班牙地区的灌装商们，而不是保护某些少数人的特权。这些人对企业没有任何帮助，就是一群经年累月吸血的寄生虫。

最让我们哭笑不得的是，在这次事件后，每当其他企业碰到重组等工作时，它们的工会提出的条件是——参照可口可乐当时提出的条件！

后来更让我自豪的是，西班牙合作伙伴将业务扩充到了欧洲，与可口可乐欧洲集团合并，成了世界上最大的可口可乐灌装商。索尔·道尔莱拉出任主席，成功地保留了我们在西班牙地区的业务。

目前，这家欧洲大型灌装商——欧洲合作伙伴公司的股权结构如下：34%归西班牙灌装商所有，18%由原欧洲集团所有，其余48%上市。而就在几年前，我们还只能看到一个暗淡的未来。

如今，欧洲合作伙伴公司是一家规模庞大的灌装企业，拥有2.5万名员工，分布在葡萄牙、西班牙、法国、英国、比利时、卢森堡、荷兰、德国、冰岛、挪威和瑞典。

这并非碰巧，而是一群富有远见且慷慨的人共同努力的结果。

让我们感谢这些人吧：索尔·道尔莱拉，胡安·路易斯·戈麦斯-特雷诺，"佩佩先生"，何塞·伊格纳西奥·科默尼奇，帕科·道尔莱拉，阿方索·利巴诺·道尔莱拉，马里奥·罗兰特，拉蒙·莫拉-费格罗阿，维克多·乌鲁蒂亚，阿方索·利巴诺·佩雷斯·乌里巴利和阿尔瓦罗·戈麦斯-特雷诺。

就我而言，在这些年的谈判中，我的团队中只有3个人一直支持我：塞尔吉奥·雷东多·塞拉诺（Sergio Redondo Serrano），他是所有公司都梦想拥有的最好的律师之一；路易斯·雷森德（Luiz Resende），他不仅仅是一名财务总监，更是谈判过程中的最佳战略家；何塞·路易斯·拉莫斯，是我当时的行政助理。我永远不会忘记对他们的感谢之情。我还要感谢费尔南多·阿梅内多，他是当时西班牙公司的首席执行官。是他在谈判停滞不前的时候，让8家灌装商继续保持日常的工作……还有我们的通信负责人卡洛斯·查瓜塞达（Carlos Chaguaceda），他是我们的通信负责人（虽然在富恩拉夫拉达的冲突开始后，他变得"束手束脚"）。

最让我们哭笑不得的是，在这次事件后，每当其他企业碰到重组等工作时，它们的工会提出的条件是——参照可口可乐当时提出的条件！

这说明了一切。

5. 没有"西班牙高管"

有的时候，一些人会问我一些有关西班牙人是否适合担任企业高管的问题。我其实对某个国家的人是否适合某一行业并不清楚，但我也懒得撒谎，去迎合别人给出他们想要的答案。

我不是一个民族主义者，也不认为经理人的形象与他出生的地方有很大关系。

其实，我们真正的"祖国"是我们的青年时代。因为人是时代的产物，影响我们的不是地理位置。

无论我们出生于何地，都能理解用笔可以让磁带倒带，或者都听过罗伯特·卡洛斯或卢西奥·巴蒂斯蒂的歌，都知道在俱乐部里该怎么慢慢跳舞。这是我们身上的时代印记。

有更多比出生地点更能决定高管个性的因素，比如一个人供职的企业或他身处的行业。

我曾在北美一家营业额颇高的跨国消费品公司（FMCGC，快速发展的消费品公司）里接受过"培训"。我认为我的管理风格与意大利人、澳大利亚人或秘鲁人的管理风格非常相似。这

其实我们真正的"祖国"是我们的青年时代。因为人是时代的产物，影响我们的不是地理位置。

些人在北美地区比西班牙人更有优势。西班牙人的经验优势主要体现在能源、重工业或银行业等行业。

另一方面，企业员工也能体现一家企业来自何处。

几年来，我担任西班牙美国商业委员会（ABC）的主席。协会的理事会是由在美国公司出任总裁的西班牙人组成的。福特汽车、波音、通用电气、美国运通、惠普、IBM、脸书、花旗银行、迪士尼或麦肯·埃里克森等公司的总裁，都是西班牙人。

要是在法国的企业中，这种情况是不可能发生的。或者在一家日本企业里，若一个西班牙人当了总裁，他也很快会被身后的日本人取代。

另一方面，不同国籍的企业内部也有着不同的模式。尽管我相信商业世界正在逐渐趋同，但我仍然发现，大多数企业的等级意识远比美国企业的要森严许多。

在可口可乐，你的价值就是你的贡献。你的政治观点、姓氏、宗教信仰都不重要。只要你做得好，就会升职加薪。

在可口可乐，你的价值就是你的贡献。你的政治观点、姓氏、宗教信仰都不重要。只要你做得好，就会升职加薪。但是在西班牙企业里的情况要复杂得多。

我认为，在很多企业中，与"效率"相比，过于讲究排场了。在我看来，在西班牙，一个人要想晋升为经理，就必须先表现得像个经理。换句话说，为了获得一个高级的职位，一个人必须表现得像一个管理者——即使他看起来不是。

此外，我认为一个人所受的教育比护照本身的影响力更大。我出生在马德里的一个富裕之家，但是内战摧毁了我的家庭。我的父亲是一名勇敢而积极的民主党人，他有着对文化（尤其是戏剧）的热爱和对企业的责任感（正是企业让他供养了我们的家庭）。我的母亲曾是一名演员，她打理着家庭的里里外外。

我是在埃尔维索殖民地的一所小小的学校接受教育的。那可能是这片地区唯一的一所学校。当时国家不承认这所学校，所以我们只能作为自由学生注册学籍。我们学校虽然规模很小，但是是一所男女混合的学校。这在当时是非常叛逆的，这种叛逆也植根于我的内心之中。

1976年的政治环境动荡不安，我父亲决定让我离开这个动荡的环境，以免被一些极右翼团体盯上。

我认为所有这些因素都会影响人们拓展职业生涯的方式。在西班牙，我这个年龄的人很少有人能够在男女混合的学校中读书，这使我很小就对性别有了"鲜活"的印象。那个时候的父权教育已经形成（或变形）了，很多人年轻的时候就被灌输了大男子主义思想。

总而言之，我认为与其用国籍来预测一位经理人的形象，不如用教育背景、所在企业的国籍或企业所在的行业来预测更为准确。

不过西班牙高管有3个不可磨灭的共同点：西班牙护照、糟糕的英语口音，以及对土豆蛋卷无法抗拒的热爱。

正如我在开始时所说的那样，我不知道西班牙高管是否存在，但我知道这一点并不重要，因为我们不能用高管的国籍来

> 我们不能用高管的国籍来划分他们，而是要看他们是在为自己而战还是在为企业而战，看他们是想创造短期利益还是想创造长期利益，看他们是认为道德重要还是金钱重要。

划分他们，而要看他们是在为自己而战还是在为企业而战，看他们是想创造短期利益还是想创造长期利益，看他们是认为道德重要还是金钱重要。

更重要的是，他们要知道自己到底为何而战。

6. 创业神话——保持创新和规则的平衡

"企业家"和"企业家精神"充斥在我们的周围。它们已经进入"政治正确"的字典里，任何对它们持怀疑态度的人都会被认为是史前的商业人士。

毫无疑问，与为国家和雇主服务相比，自主创业具有更高的回报率，但也带来了更高的风险。

在我看来，鼓励每个公民"走上创业之路"似乎有点不负责任，这就像是19世纪中期将许多人推入落基山脉的淘金热一般。当时虽然有些人找到了财富，但是更多的人失去了一切……包括希望。

创业不仅需要大量的热情和努力，还需要大量的事前准备。我们不会鼓励一个人拿着弹弓就上战场，也不能让他不顾一切地变卖所有财产去投资，更不能让人睡在天桥下面。

对那些想要创业的人来说，西班牙不是一个非常"友好"的国家，监督机构繁多，你只能将很多事物交给律师事务所和一些办公室来办，你还得指望着它们的员工诚实守信。

在我看来，要成为一名企业家，最重要的是要有一种态度，而不是仅凭借商业大环境。

在我看来，要成为一名成功的企业家，最重要的是要有一种态度，而不是仅凭借商业大环境。

在给年轻企业家听众做的一些演讲中，我讲了自己所遇到的一些"不舒服的现实"。这些"不舒服的现实"将他们从对企业家的浪漫幻想中拉了出来。

首先我想指出的是，任何一家大企业，比如那些年轻企业家经常批评其缺乏灵活性或官僚主义的企业，都曾是一家初创企业。

所有都是。就算是可口可乐，也是源于1886年诞生于亚特兰大的一家药店；苹果公司是乔布斯、沃兹尼亚克和韦恩于1976年在一间车库中创立的；福特公司是1903年由39岁的亨利·福特创办的。

一家企业经过不断成长，就会离开最初的"车库"。当他们的小办公室初具规模的时候，就要开始认真对待建立政策和流程的问题了。年轻企业家们不太欢迎这种政策和流程，因为他们没有在企业工作的经验，所以就轻蔑地称之为官僚主义。

但是，创建"官僚主义"并不是为了推动商业快速发展。相反，它是为了保护已经在蓬勃发展的项目。问责制度不会阻碍公司的成长，相反，它会保护其脆弱的生存能力。

一个人可以在车库或任何地方和一群朋友一起创造一些东西，不需要任何商业经验。如果进展顺利，你可能会认为一切都很容易，你所有的想法都合情合理。因为你拥有这家公司，你会主观地认为是你做的一切带来了成功。

创建"官僚主义"并不是为了推动商业快速发展。相反，它是为了保护已经在蓬勃发展的项目。问责制度不会阻碍公司的成长，相反，它会保护其脆弱的生存能力。

一切无组织无纪律的决定都可能导致风险出现，比如，老板给自己的表哥随意设置了一个职位，或者觉得与某人关系不错就给其高额的薪水，甚至还出现一些与异性的冲动行为。许多没有经验的新人企业家觉得这一切都非常"自然"，没有恶意。但是这些小小的错误会像滚雪球一样，最后压垮项目。我们要靠政策和流程保护项目不受伤害。

新兴技术巨头往往会遭遇这种"车库摇篮综合征"。如果只看重员工的聪明才智，而忽略了对他们的行为要求，就会导致严重的问题。"官僚主义"有时不那么糟糕，因为它可以保护公司免受裙带关系的骚扰。

无论如何，我还是希望大家别误解我。我从来都不是政策和程序的拥护者，但我理解它们存在的必要性。就像我理解当创造力枯竭的时候，我就会越来越反感政策与流程的各种骚扰一样。

讲究平衡是一种健康的策略。首先问问自己："这些流程是否能经受住严格的法律审查？能否保证公司存活下去？"其次，再问问自己："在这样的框架内，内部是否还会保持创造力？要是我们的对手与我们的现状一样，他们是否能够达到自己所设定的目标？"

这两个问题非常重要，必须认真作答。

就像我说过的那样，成为成功企业家更多的是靠态度，而不是仅靠商业环境。我一直认为自己是一名企业家，但我也承认那些在车库里白手起家的人也是企业家。

如果只看重员工的聪明才智，而忽略了对他们的行为要求，就会导致严重的问题。

在可口可乐伊比利亚分公司，我们做了很多自己策划的创新。有的时候，我们甚至对母公司感到头痛。

2000年，在安吉尔·伊巴涅斯（angel ybanez）领导的贝蒂·贝特（Betty Byte）公司团队的带领下，我们创建了"可口可乐运动"网站，这是第一个彻底改变了西班牙年轻人交流模式的社交网络。任何对此感兴趣的人都可以在任何搜索引擎中找到有关它的更多信息。到2002年，这个网站已经有100万注册用户。当时智能手机还不存在，非智能手机用户也不是太多。但到了2004年，因为欧洲总部没有对我们进行资金支持，我们不得不关掉了该网站。

我再讲一个故事吧。在我们的社交网络（由西班牙团队在西班牙创建）启动3年后，一个名叫马克·扎克伯格的男孩于2003年在哈佛大学学习，你可能猜到什么了。他当时建立了一个叫Facemash的网站，收集了一些学生的姓名和照片；后来他离开了哈佛，一年以后，他创建了Facebook公司。

Facebook西班牙总裁艾琳·卡诺（Irene Cano）曾多次向我表示，我们当年的方向是对的。但我们不是可口可乐美国总部，也不是欧洲总部，只是一个躁动活跃的分公司。虽然我们有着超越时代的想法，但是我们（无论我们怎么努力）没办法说服欧洲和亚特兰大负责营销决策的人，他们认为我们只是在摆弄玩具。正如人们所说，先驱者都被印第安人吃掉了……我们的想法，当时还是太过新颖。

但这只是一个例子，在"可口可乐运动"开始前的1996年，我们就做了个非常有趣的项目。移动电话于1995年7月25日正式在西班牙

开始运营。当时政府授权西班牙电信移动电话公司推出GSM
（Global System for Mobile Communications，全球移动通信系统）
服务。到那年年底，只有2%的西班牙人拥有这种设备。1996年，
可口可乐西班牙分公司与摩托罗拉合作，推出了一项促销活动：
购买足够数量可乐或其他饮料的消费者，即可再支付1500比塞
塔获得一部寻呼机。

寻呼机上面带有可口可乐标志，有3个按钮和一块小屏幕，
可以接收文字信息，但不能发送信息。那时候，人们还没有发
明短信呢！

当时的用户必须打电话给客服中心，让一个接线员录入自
己想要发送的信息，再发给目标寻呼机。当时人们非常渴望拥
有一台寻呼机。那时西班牙电话公司负责这个业务。就算后来
这家公司希望以电话和短信的流量盈利，他们当年也没有大力
推广寻呼机。不久以后，手机业务就将这个具有划时代意义的
小设备变成了博物馆里的展品。

新技术是不可预测的。押注它们，你会觉得自己就像在玩
轮盘赌……有可能会猜错，也有可能猜对但为时已晚。新技术的
应用是一场复杂的游戏，猜对不一定代表成功，时机也很重要。

世界上没有人能够预料到自己的选择会带来何种后果。再
专业的人也不会一而再，再而三地成功。

我记得我的朋友赫苏斯·恩西纳尔（jesus Encinar）的一条
推文，他是Idealista.com的创始人，也是数字房地产中介的领导
者。他很好地说明了这种不确定性。他的话如下："很多互联网

如果他们成功了，社会也不会对他们产生多大的好感。因为我们的环境就是，对胜利者抱有怀疑态度，并对一切顺利的人产生怨恨，试图没收他的一切所得。

企业和初创企业赚了钱，但是他们大多数人最终还会投资房地产。"

明智的观察。

无论如何，创业打拼总好过失业在家。

正如我已经说过的，企业家是少数几个不需要成为富人或拥有任何资格证书即能从事的行业之一。就像政治家一样。

然而，对企业家来说，最重要的是要有好的想法，并愿意不间断地工作。

创业不是一条红地毯。相比那些刚刚走上这条道路的人所能得到的微薄帮助，他们失败时能够得到的支持微不足道。

如果他们成功了，社会也不会对他们产生多大的好感。因为我们的环境就是，对胜利者抱有怀疑态度，并对一切顺利的人产生怨恨，试图没收他的一切所得。

让我们拭目以待，看看是否有一天会变得更好。

SIX

CHAPTER

第六章

未来已来

1. 数字滑梯——企业要学会顺应大势

没有人能预测未来。

1992年，在担任可口可乐西班牙分公司市场总监时，我参与了3个重大活动（巴塞罗那奥运会、马德里欧洲文化之都活动和塞维利亚世博会）。在塞维利亚世博会展览期间，没有任何一个展馆提到互联网……在那一刻，没有人预料到未来会发生什么。

在某场论坛上，我以1962年汉娜-巴贝拉的动画片《摩登原始人》为楔子，开始了自己的演讲。其中有一幕场景是这样的：爸爸乔治用飞碟载着妻子简去购物，带着孩子朱迪和埃洛伊去上学。乔治掏出钱包，拿出了一张钞票递给妻子，但是简却"宽宏大量"地拿走了整个钱包，留给丈夫一张钞票。

看到这些过去的作品很有意思，因为这就是我们无法预测未来的佐证。当我们思考未来是什么样子的时候，总会不由自主地带入现在的生活。1962年，我们想着自己可以乘坐飞碟上班躲开堵车；飞碟可以变成手提箱，免得去寻找车位；机器人可以包办所有家务……但这些都是硬件的提升，没有真正改变我们的生活方式。换句话说，我们和往常一样还要去上班。即便我们开着飞碟，还是由男性赚钱，女性负责日常购物。

简而言之，我们的潜意识要求我们只改变"物质"，但我们的世界、我们的日常生活、我们的角色、我们看待事物的方式都一成不变。这就是我们感到舒适和安全的方式。

比如，1962年，人们对妇女革命几乎没有什么期待，当时美国的种族隔离仍非常严重。

最难以想象的是我们的"软件"中的这些变化。就在不久以前，同性婚姻是不可想象的。而如今，不允许同性婚姻才是不可想象的。通信、医学和生物技术方面的变化，是几十年前我们所忽视的一部分。事实上，我们一直都被自己的欲望引导着预测未来。

意识到这一点，对任何想要从事市场营销的人来说都至关重要。

向数字社会转变是现实所趋。我们没有办法用语言形容它的轨迹。虽然我们都目睹它在以不可阻挡的趋势前进，但我们不知道它将把我们引向何方。我们希望拥抱一个更美好的世界，但我们知道，历史表明每一个技术进步都是一把双刃剑。

奇怪的是，这一次的技术进步有两个不同的特点。

第一个是"指数性"。我们打开的每一扇门不再只通向另一扇门，后面有许多扇门等着我们开启，每扇门背后都是新的风景。几年前，现在的创新都是不可想象的。推动我们进行创新的，不再是某一种特定的需求。而那些没有过度探求就得到的答案，也为我们带来了一些小小的困惑。

第二个是"速度"。不是说我们从30迈提速到了90迈，而是我们每天都在加速。在这种情况下，想跟上它很难。

第二个特点加上"技术民主化"，使人们能够以非常实惠的价格获得最新的硬件和软件。这些都对商界造成了未知的冲击：信息技术企业对一些"内部客户"感到非常惊讶，这些客户的技术水平比10年前的客户的技术水平高多了，他们对设备和应用程序了解颇深。这种现象其实合乎逻辑，因为信息技术提供方不可能每6个月就像智能手机一样更新系统，他们不可能像那些对信息技术感兴趣的个人一样遵循相同的发展步伐。

"技术民主化"正在产生有趣的现象，比如虚假新闻。其实假新闻一直存在，比如"伊拉克存在化学武器"这一消息。现在的变化是，信息不再由权力机关或媒体集团独家垄断了。现在，任何人都可以在一定程度上说谎；媒体领域的"入侵"也有"横向主义"的倾向；一个国家不止在自己的领土上保守秘密，甚至可以在别的国家的领土上散播谣言，干涉选举进程。

但是技术不是用来娱乐或帮助我们的，而是用来"破坏我们"的。

有些人认为数字革命已经出现在了我们的生活中，为的是让我们的工作更舒适。大错特错。互联网不是"去中介"化的进程，而是要"重新中介"。互联网正在取代现有的中介机构，现在互联网就是最大的中转站。

如今，使用传统的商业模式最为危险，比如，资本密集或劳动力密集型的商业模式就是最危险的，现代技术手段可以使其竞争壁垒丧失优势，让它们变得脆弱不堪。

简而言之，我们的潜意识要求我们只改变"物质"，但我们的世界、我们的日常生活、我们的角色、我们看待事物的方式都一成不变。这就是我们感到舒适和安全的方式。

新的数字业务模型侧重于通过数据解决个人问题，并致力于开发可显著改善个人体验的技术。就这么简单！这就是优步、爱彼迎、亚马逊、声田诞生的原因。

像安德玛、星巴克或达美乐比萨这样的大企业已经重新转型。2017年5月，达美乐的首席执行官帕特里克·多伊尔（Patrick Doyle）在布达佩斯说，达美乐实际上是一家伪装成比萨企业和营销企业的科技企业。

所有这些企业所做的工作都非常值得称赞，它们确实改变了自己的业务范畴。

有趣的是，人们的实际需求量或多或少是不变的，技术的作用是改变人们满足这些需求的方式。例如，停车一直是一件复杂的事情，尤其对一些人来说简直是噩梦。汽车行业在这个方向上取得了不少进展：主要从车辆本身的科技入手，有人发明了驻车雷达，通过声音提示人们车辆距离；还有人在这个系统中添加了摄像机，让驾驶者能够看到车辆周边的位置；现在，已经有人发明了一套自动泊车系统。

需求依然存在，在演变的是满足需求的方式。

下一步是什么？也许，当我们想停车却找不到停车位的时候，下车就行了，车子会自己找到位置停好。

需求仍然存在的一个好的例子就是为什么我们还会让别人签名。以前，签名只是证明了自己亲身见过谁。我们的后代可能就不明白签名的意义了，一切都会变成数字存档。不过现在签名仍然不会消失，因为每个人都想证明自己曾和一个著名人物待在一起过。现在，智能手机也在慢慢取代这种方式，自拍是数码时代的签名。

当我们谈到数字革命和技术革命时，我们必须将目光放长远，绕过那些显而易见的想象。

没有什么会再像以前一样了。

以前，工业革命为我们带来了取代肌肉（利用机器和能源）的进步。现在，新的革命在某种程度上即将取代或激励我们的思维。

人工智能正处于蹒跚学步的起步阶段。但我认为人工智能即将会有自己的判断能力，变得更像人类，不再需要依靠数据行动。我们人类的优势在于想象力、创造力、伦理和良知。不过这也仅仅是我个人的猜想，谁知道未来会发生什么呢。

无论如何，我相信欧洲在技术革命方面再次采取了失败的战略。美国正以惊人的速度将创新运用到商业中；中国也在大洋的彼端走出了自己的道路；欧洲人呢？靠在椅子上，官员利用自己手中的权力保护已经过时的技术。从中期来看，欧洲整体陷入了被动，官僚主义害了我们。

当我们在布鲁塞尔的官员还忙着为银行制定法规控制人们开设账户的时候，亚马逊的研究人员已经通过卖出一件件商品研究客户的收入和支出了。

对企业来说，重要的是要学会顺应大势发展，而不是被动地被时代的浪潮裹挟前行。

在我看来，有两个互不相容的真理，它们就像一把达摩克利斯之剑，悬在许多企业的头上：

第一个是我们目前的商业模式，正如我们所设想的那样，它还可以再坚持一段时间。这是真的。

最糟糕的是，新的商业模式很难出现在那些想抱着旧观念一直撑下去的企业里。正如我的前老板何塞·努涅斯·瑟维拉（Jose Nunez Cervera）明智地说道："你不能让火鸡提前过圣诞节。"

第二个是我们不能永远认为我们的商业模式可以坚持到下一个日出。这也是真的。

这就是问题所在。

最糟糕的是，新的商业模式很难出现在那些想抱着旧观念一直撑下去的企业里。正如我的前老板何塞·努涅斯·瑟维拉（Jose Nunez Cervera）明智地说道："你不能让火鸡提前过圣诞节。"

2. 打造国家品牌之前，西班牙要先有真材实料

国家——也就是西班牙——对其所有公民来说都有着重要的意义。企业的发展有很大一部分取决于国家的形象，纸面上不作数，得给人切身实际的体会。可能刚刚来过西班牙的旅行者对此体会很深，但那些远在海外的游子们还要好好温习一下。

我们西班牙人要向政客们表明这样的态度：他们之间的合法政治斗争绝不能危及我国的国际信誉。而对那些因无法实现自己的追求而感到沮丧并最终离开祖国的人，我恳请他们不要伤害我们的国家形象。

我承认，我一直没有想明白"西班牙品牌计划"有何意义，现在也没弄明白它在国际上贡献了多大的影响力。我就是觉得有些人在浪费政府预算。

这些计划的问题在于，无论是在本土还是在国际上，它们都显得缺乏战略眼光，看起来更像是一种奖励，而不是一个严肃的项目。西班牙在任何领域都不乏佼佼者，我们有最好的运动员、厨师、艺术家、表演者、作家等。

问题是，我们并不知道自己能卖什么产品。我们最好的产品仅仅是

这些代言人。

恕我直言，西班牙不仅仅是一个由运动员、厨师或著名艺术家组成的国家……如果真的是那样，当我们的运动员输掉了比赛、餐厅失去了米其林星级、演员失去了国际电影邀约，甚至男高音们不再去表演歌剧的时候，我们国家就变得无关紧要了。

依靠我们杰出的同胞的帮助是个好选择，但是我们国家的品牌必须要取得超越这些名人的成就。

我认为任何一个国家的最终目标都是影响力，就是被所有国家"标在地图上"。

在我看来，实现这个目标基本上可以通过两种策略：要么用枪，要么用钞票。也就是说，要么是一个军事大国（如美国、法国和英国），要么是一个经济大国（除了前几个国家，还有德国、日本和中国）。

由于西班牙在可预见的未来不太可能步入军事或经济大国的行列，我认为只有一个提升影响力的机会，那就是努力迈向知识、教育、文化和国际仲裁的顶端。这有些复杂，但并非不可能。

怎么办呢？

首先，我们要培养一批能与英美较量的精英。如果可以还希望世界各国的学生至少来我们国家进行一学期的学习。这将是一个良好的开端。因为高校毕业生未来会是各国的精英，他们通过来此学习，会与我们国家保持个人和情感上的联系。

西班牙会为未来的世界领导人提供无可比拟的学习优势。比如语言——西班牙语（是西班牙的官方语言）日益重要，学习起来也会越来越有趣。

此外，对任何来自日本、美国、南非、澳大利亚、挪威或尼日利亚的父母来说，西班牙为他们的孩子的学业提供了很多保障：我们拥有令人羡慕的治安；我们的卫生系统是地球上最好的；西班牙人热情好客；大多数人受过良好的教育；西班牙旅游资源发达，有着良好的基础设施和交通设施，气候宜人、美食丰富；文化休闲产业发达，自然环境也很优美。

我们只需要提高高等教育水平就可以了。我希望这些大学都能达到一流商学院的水平，但不幸的是，我们的大学并没有像我们希望的那样得到广泛的认可。

这些学校一定要克服对外部环境的病态恐惧。虽然我不怎么看足球，但是我知道，我们的足球俱乐部就是世界上最好的俱乐部。这正是由于俱乐部的管理人员认为，引进最好的球员有助于俱乐部的发展。大学真要向他们学习学习，不要害怕，大胆地去聘请最好的老师来帮助我们吧。

我认为任何一个国家的最终目标都是影响力，就是被所有国家"标在地图上"。

如果其他国家有影响力的人的孩子们开始来西班牙留学，那就会为西班牙大学带来一笔可观的收益。我们可以通过这笔钱来培养我们自己的孩子。

其次，我们还要把西班牙当作一个"文明的交汇点"。

记得在1991年，由西班牙政府出面，美国、苏联、以色列、巴勒斯坦解放组织、叙利亚、黎巴嫩和约旦在马德里举行了和平会议。

我们再说回大学，那是一个科技研发、知识创新的地方。西班牙是个友好好客的国家，人们愿意来这里定居学习。

成为世界性的研究中心，我们再合适不过了。当然，短视的财政政策会赶走任何考虑在我国定居的外国人。

西班牙已经习惯了错过任何摆在面前的机会。2019年，欧洲的局势动荡不安，意大利故步自封，英国已经完全和欧洲失掉了联系，我们要努力成为欧洲这架雪橇上的掌舵人。

如果我们有一个共同的国家计划，就需要我们著名的同胞们为我们宣传……然后所有的同胞都要齐心协力。我们一旦努力，就会知道，除了具体的政治问题，西班牙会成为一个伟大的国家。

但首先，我们必须知道自己想成为什么样的人……我们想卖什么产品。

现在，我们还在迷雾中摸索前行。

3. 关于女性——在差异中享受平等

在本书中，我没有专门提到女性，无论是什么人种，无论高矮胖瘦。这本书不是专门为某一类人写的。

毫无疑问，这本书当然是为所有人写的。

正如我已经说过的，我是我们这一代人中为数不多有幸在一所男女同校的学校中接受教育的人。尽管这所学校不被弗朗哥政权承认，给我带来了一些不便，但与之带来的好处相比，这些不便微不足道。

幸运的是，我是在自由和平等的环境中长大的。我有时会怀疑那些在性别歧视中长大的人，是如何成为多样性的捍卫者的。

我相信人人平等和任人唯贤。我的朋友维多利亚·森登·德莱昂（Victoria sendon de leon）是一名女权运动者。她说："平等的对立面不是差异，而是不平等。"她还说："男性利用这种差异来证明多样性是合理的。"

你可以从差异中享受平等，你不需要"相同"就能获得平等。女人不应该为了平等而伪装成男人。我们必须在尊重差异

> 你可以从差异中享受平等，你不需要"相同"就能获得平等。女人不应该为了平等而伪装成男人。我们必须在尊重差异的同时实现平等。

211

的同时实现平等。

差异是丰富的，它提供了对事物更完整的看法。我们必须从差异中走向平等，而不是与之作对。

作为一个不可知论者，我反对"性别群体主义"的说法。这的确是一个两方对立的问题，但是不像大多数人认知的那样，这不是一个男女对立的问题，而是一个平权支持者和不能理解平权的人对立的问题。

无论是男性还是女性高管，他们目前面临的挑战是，不仅要接纳女性员工，还要将尊重女性完全融入公司的 DNA 中。

幸运的是，当今社会已经不再需要女性去适应如何进入商界了。现在的问题是如何调整这种平衡，以便我们都能适应，而不用再去改变自己。

但是，这个世界上的问题不是仅靠良好的意愿就能解决的。因为那些真心怀有良好意愿的人也不能避免偏见的影响，尽管那些偏见往往是无意识的。

最危险的过滤器，就是那些我们不知道正在发生效果的过滤器。

因此，现在比以往任何时候都更需要教育，尤其是实践。

许多企业在平权领域取得了很大进展，对这些问题表现得极其敏感，并制定了正在逐步完善的政策。但有一件事让我非常担心，那就是在商界取得的这些进步，是否在国内其他领域也取得了同样的效果。

我相信，女性在工作中取得的许多成就（在许多企业里，女性和异性同事之间没有区别）并没有被带到家庭生活中。在家庭里，现在有些必须承担的家庭责任仍在以之前的不成文法则沿用。比如，女性要更多地照顾老人，或者在夫妻之间，女性承担了更多的家务。

这种争取家庭地位平等的斗争，解决起来更为复杂。我们在公司里解决了大部分大男子主义的问题，但是回到家庭，她们仍旧是大男子主义的受害者。

我们必须要求企业尊重差异。但是实现男女完全平等需要逐步进行。你不能要求公司补贴员工私生活中可能存在的性别歧视的成本。

是的，平权运动要在社会的各个领域继续进行。如果可能的话，最好让先进的企业继续发挥作用。

然而，有时它们不得不接受一些政府的监管和建议。

政府应该在企业介入某一领域前了解状况，然后"建议"企业该如何去做。

因此，当试图干预——比如设立监管委员会这类工作时，可以先向地方卫生部门要一份神经外科医生男女比例的清单。当然，如果能拿到一份整个国家的医院、学校、研究所之类的管理人员名单，并查看其中妇女所占的比例的话，那就更有趣了。

我没有批评政府的意图，我只是不想让有些人利用自己的虚伪去干涉别人的事。

无论如何，截至2018年，无论什么人都能找到一家知名律师事务所的电话，讨论一下尊重平等政策和可持续发展的问题。

我们经常会看到一群企业员工穿着一样的白衬衫的合影。有时候为了让大家平等，企业会要求女性参照男性的着装规范（当然，让男性穿着裙子拍照太不可思议了）。这个细节是父权主义的体现。有些人想当然地认为，一个女人要想在工作上取

那些认为职场平等就是"容忍"女性被"变装"为男性的人，不应该进入企业高层。

213

得成功，就必须把自己打扮成男人的模样，那样她才会有男人一样的价值观。

其实事实并非如此，女性必须在不放弃自己性别特征的情况下取得成功。正如我尊敬的大师安东尼奥·加里格斯·沃克经常说的那样，女人本身就是丰富的。她们不应该听任自己成为单调的白色，她们可以从不同的角度为企业做出很多（或更多）贡献。

那些认为职场平等就是"容忍"女性被"变装"为男性的人，不应该进入企业高层。

4. 市场营销，君在何处

营销不仅面临着对未来日益增长的不可预测性，还面临着一个日益矛盾的世界。

越来越明显的是，消费者的行为缺乏逻辑。例如，他们说自己是低热量天然产品的忠实信徒，但他们可能说着说着就去买了一杯380卡路里的星冰乐。其实不是人们在撒谎，而是他们内心中有着多种渴望，并会根据场合和环境戴上不同的面具。

这就是我多年以来一直说的，我们不要去听消费者说了什么，要看他们做了什么。因为行动比语言更真实，它不会骗人。

市场营销的奇怪之处就在于，一切方式似乎都有效，反之亦然。

当专家们谈到消费者不断追求扩大选择范围及在产品范围内拥有一系列替代产品的重要性时，令人惊讶的是，像苹果这样的公司——举个例子——直到2018年前后才将iPhone颜色范围扩大到白色、银色和黑色。

事物飞快变化，当你在写关于市场营销的文章时，你的想

我们不要去听消费者说了什么，要看他们做了什么。因为行动比语言更真实，它不会骗人。

法在第二天就会被市场打包扔掉。

对我来说，找出什么是营销的意义、贡献和本质非常有意义，其他问题都是短暂的。仔细想想，我发现有一些在我看来非常关键的问题。

第一，需要对职能部门采取整体、综合的管理方法。

如果营销的最终目标是影响人们的购买决定，那么企业的所有部门都必须协调一致来实现这一目标，并朝着相同的方向努力，外联、技术、法律、财务和营销部门都要统筹工作。我一直告诉我的团队说："业务靠想，营销靠做。"因为营销所做的一切都必须具有商业意义。

第二，保持对收入增长的关注。

营销不能"通过让企业破产来拯救品牌"，而要"通过品牌提升业务"。品牌是"工具"，是企业赖以生存的棋盘上的筹码。企业不是非政府组织。如果消费者认同我们的观念，那就掏钱购买我们的产品吧。我们不能一直挥霍企业的预算来让人们产生虚无缥缈的热爱。如果不能赚钱，营销活动就是浪费资源。

任何不能创造价值的东西都会毁灭企业。因为不能创造价值的工作分散了本可以赚更多钱的资源（时间、人力、金钱）。企业的勋章不会在戛纳或者奥斯卡上拿奖，家乐福、乐购这些大超市的货架才是我们竞逐的主战场。

第三，内化战略必须占主导地位。

我们所有的行动都必须与为了实现目标而制订的计划一致。任何偏离这一目标的行动都可能使我们更难实现这一目标。很

广告就是灿烂的烟花：一个新的广告高高升起，点亮了夜空，让我们感到了一时的新奇，然后它就消失了。

多时候，我们没有意识到策略选择不当，或者方向已经出现了错误。如果我们已经诊断出投资组合中的某个品牌需要一款新鞋，那么在与相关机构合作了几个月后，我们不能推出一款领带。这条领带是否"漂亮"并不重要，重要的是我们是否会继续让这个品牌赤脚行走。换句话说，让一个没鞋子的人打领带，你觉得合适吗？

广告是营销中最明显的部分，但不是最重要的部分。

在我看来，广告就是灿烂的烟花：一个新的广告高高升起，点亮了夜空，让我们感到了一时的新奇，然后它就消失了。

另一方面，营销策略更像是卫星：我们将其放入轨道，尽管看不到它，但它一直在运行。源源不断地将数据发送到我们的 GPS 上，让我们找到前进的方向。

在一个科技不断给我们"小镜子"的世界里，我们很容易对最新的小玩意和最新的应用上瘾。然而有些人认为，这种策略就像开着"最新的车"却不知道驶向何方。企业不应该犯的一个错误是被技术迷惑，知道"为什么"使用新技术比知道"如何使用"重要得多。换句话说，这不是一场以程序员为主导的战争。

第四，理解思想的价值。

数据不包含任何想法，它们是用来验证想法的。有些人沉浸在数据中寻找想法，或者为自己无法拥有它们而辩护。我宁愿自己思考也不愿被数据分心。思考并建立假设（"如果事情是这样的呢？"），然后用可用的数据验证这些假设，并知道再去寻找哪些数据。

> 营销策略更像是卫星：我们将其放入轨道，尽管看不到它，但它一直在运行。源源不断地将数据发送到我们的 GPS 上，让我们找到前进的方向。

思想不存在于数据中，我的意思是它们存在于生活中、观察中、书籍中、我们所经历的一切中，以及我们试图回答的问题中。我们必须不断挑战既定的观念，因为它们很可能只会让我们变得平庸。

营销人员的目的不是循规蹈矩办事，而是带来新的想法，这是他们的首要工作。一个没有想法的营销人员，不应该在这个部门继续待下去，因为他就像一个不会计算的会计一样。

第五，要认识到我们仍然而且继续是情绪的操纵者。

尽管技术手段不断革新，本质上人们还会对各种情感产生共鸣。事实上，营销的任务仍然是"影响"消费者。要做到这一点，最好的方法是继续通过故事表达情感。

尽管技术让我们有了之前无法企及的深度体验，但潜在的现实将是一样的：人们依旧期待感人的故事。

真正改变的是这些故事的"传播"方式。我们可能会看到沉浸式电影的诞生，人们可以在演员的全息图形中行走，通过增强现实眼镜人们还可以参与到情节中。当然，嗅觉也会让我们有更生动的体验。

但是，尽管技术让我们有了之前无法企及的深度体验，但潜在的现实将是一样的：人们依旧期待感人的故事。

专注于"本质"，重新发明基于技术的解决方案才是正确的方法。

很久以前，可口可乐为酒吧和餐馆提供了一块门前的黑板。老板们可以在上面用粉笔写下当天的菜单和特色菜，街上经过的人可以根据黑板上的商品和优惠决定是否进入商店。

几年前，在可口可乐伊比利亚公司，我们推出了一款由安德烈斯·加西亚·卡兰扎（andres garcia Carranza）开发的应用程序 Whatsred.com。该应用程序能实时更新我国的酒吧和餐馆的菜单和促销活动，并使那些将该应用程序下载到手机上的人能够通过地理位置查看最近的优惠餐厅。

这个概念与在店门前放置黑板的理念非常相似，但是你不需要走到酒吧或餐馆的门前，就能知道它提供了什么。因为有了Whatsred.com，现在你可以在数条街道以外看到"黑板内容"。

需求还是一样，但是技术革新了：黑板粉笔已经被手机和键盘取代了。

第六，最基本的一点还是要抓住消费者的心。

之前我曾经说过，不要听信消费者的话，而要观察他们的行为。行为不会说谎，下意识的反应也不会说谎。虽然科学界对神经科学的研究刚刚入门，但我认为神经科学会引领下一次科技革命。我们可以根据某些细微的反应来判断消费者的想法。要是神经测试仪这种设备变得小巧便携、价格低廉，我相信它一定会有大规模的应用前景。但是，抓住消费者的心这一根本原则不会变，技术变革只会提供一些更为方便的手段而已。

第七，重视市场营销中各学科的重叠，以及在市场营销的其他分支中技术和方法的结合。

1922年，《市场营销原理》的作者、美国行销协会首任主席弗雷德·E.克拉克（Fred E. Clarck）创立了营销这一学科。不久前，当政治营销开始发展时，据说候选人会"被当作产品来推销"。的确，政治营销最初是受到了品牌营销的启发。但从那以后情况发生了很大变化，现在轮到"父亲"向"儿子"学习了。在我看来，品牌营销、传统营销都可以从政治营销中学到很多。当时，一家企业会为下一年的营销活动制定预算、开展活动，如果进展顺利，年底大家论功行赏；如果做得不好，等明年再卷土重来。因为在预算花完之后，这一年可能就没什么能做的了。这就像塞西尔·B.德米尔（Cecil B. DeMille）的一部超级电影。

如今的情况并非如此。一切都是实时发生的。这不再是一场单枪决斗……从第1天到第365天，战斗一直在进行。人们也没有时间和金钱来制作大型电影……社交网络将营销变成一颗颗小药丸、一个个小的刺激点，通过广告页面来引导受众的情绪。

政治营销给我们上了一课，告诉我们如何处理与消费者的对话，如何制定议程，应当讨论什么、关注什么、解决什么，如何利用公共关系和内容制作超越刻板印象的广告。

如今，我要是想销售带有两色墨水色带的Olivetti打字机，绝对会被人嘲笑。尽管它在历史上很受人尊敬，但它在21世纪已经过时，几乎没有实际用途了。

无论如何，它曾经取得了相对的成功。它的策略基于什么？很简单，它只是遵循了一些非常基本但足够好用的方式来推销打字机。

第一条规则：永远不要在任何情况下谈论自己的产品。

第二条规则：你的展示要集中在指出和放大别人产品的弱点上，重点是竞争产品。比如，电脑可能会死机，可能会感染病毒，可能会被黑客攻击。所有这些问题，显然不会影响你的产品……其实这些对你的产品并不重要。但是我们必须避免讨论我们的产品，因为它们显然不是很"有竞争力"。

接下来，集中火力打击竞品吧。

消费者的逻辑被带到了对竞品的批评上去。我们要尽可能少地提到自己的产品不能提供可行、可持续的解决方案，这样就能向足够多的人卖出尽可能多的打字机了。

5.《黑客帝国》——世界不是非黑即白的

2010年4月，我做了自己人生中最奇异的一场演讲，它发生在ESIC商学院在马德里举办的"今日营销"活动上，这场活动吸引了3000多名观众。

我突发奇想——就在我上台的几分钟前——把一瓶百事可乐藏在了我的讲台上。

演讲的主题很有趣——"颠倒营销"。我一开始就举起了百事可乐的瓶子，观众通过大屏幕看到我手里拿着百事可乐，发出一阵巨大的"呜呼"声。我对此无动于衷，继续着自己的演讲。在演讲的过程中，3000多名观众鸦雀无声，只盯着我手中的百事可乐。

演讲继续进行，但我几乎不知道该怎么继续下去了。因为我说每一句话的时候，就有人向我做出打开瓶子喝水的动作。我继续说着，也没有喝手中的百事可乐，装作一切正常的样子。

直到演讲接近尾声，我一直在思考，要是我不喝一口百事可乐的话，观众可能会认为我耍了他们。于是在结束之前，我

我们在每一个销售区域都会和百事可乐展开竞争。但是我们通过全国软饮料制造商协会的协调，共同努力保护我们的行业不受其他行业的攻击。

说："在年轻的时候，我觉得世界非黑即白，只有好人和坏人。

"但是经过了这么多年，我开始意识到生活不是一部善恶分明的电影，它看起来可能更像《黑客帝国》(*The Matrix*)。在这部电影中，很多观众不知道谁是对的、谁是错的。

"我们既是敌人，又是朋友。

"比如，我们在每一个销售区域都会和百事可乐展开竞争。但是我们通过全国软饮料制造商协会的协调，共同努力保护我们的行业不受其他行业的攻击。"

这时，我终于打开了拿了40分钟的瓶子，喝了一口。观众爆发了热烈的掌声……我终于松了一口气（谢天谢地）。然后我继续说："另一方面，在与其他品牌竞争的时候，我们也会为别人设计通用的线性方案。比如，我们在瓶装水市场与达能和雀巢等公司展开竞争，但是我们又会在恩康贝斯的董事会中坐下来，讨论包装回收的问题，并达成协议。"

正如我所说的，世界并不是非黑即白的，而更像是《黑客帝国》里的世界，世界上的所有人都在竞争，但同时也有可能成为彼此的盟友。

就像在达喀尔一样，在广袤的非洲，周围几百千米没有任何东西。当一辆车抛锚时，附近没有村庄，没有加油站，也没有麦当劳……只有一望无际的撒哈拉沙漠……

我们互相竞争的同时，也会互相帮助。如果我们看到有人在沙丘间的坑里向我们求助，我们就会停车帮忙。因为说不定第二天抛锚的就是我们……我希望到时候他们也能帮我们一把。

> 世界并不是非黑即白的，而更像是《黑客帝国》里的世界，世界上的所有人都在竞争，但同时也有可能成为彼此的盟友。

外部的挑战迫使我们在竞争的同时又彼此合作。达喀尔拉力赛是一项有趣的比赛，它教会了我很多。我在达喀尔遇见了很多人，他们都是非常善良的人，胡安·波尔卡、马诺洛·普拉萨、何塞·玛丽亚·塞尔瓦、纳尼·罗马、伊斯德雷·艾斯特维……还有很多人。

管理人员必须正视这个以竞争为基础的世界：这是一个奇妙与混乱共存的世界……我们必须努力生活。

如果让我举出两个管理人员必备的特质，我觉得首先是"激情"。如果不对自己的工作抱有激情，那不仅难以完成工作，甚至都没有什么完成的必要了。其次是"勇气"。新一代管理人员所面对的世界和我们经历过的大不相同，但其实很多就是我们的经历披上了新的外衣。

有时我觉得自己已经得到了想要的一切，但其实我一直在做的是解决问题，没有真正遵循自己的内心。

以前，我一直不知道自己在追寻的是什么。幸运的是，我找到了，那就是——和平和良心。

以前，我一直不知道自己在追寻的是什么。幸运的是，我找到了，那就是——和平和良心。

我的5个想法

2018年8月31日，是我在可口可乐工作的最后一天，在我奉献了36年青春之后，我要退休了。4天后，我去了伦敦，和同事（总裁兼首席执行官）詹姆斯·昆西共进晚餐。

在我的妻子安吉莉卡在酒店安顿的时候，我一直在思考自己这么多年来的工作。我用酒店的便笺写下了当时一直萦绕在脑海中的5个想法。

我的妻子安顿好了，我也将便笺放到了自己的口袋中。我们去了一家低调的米其林三星餐厅——Araki，这是一家只有9张桌子的日式餐厅。詹姆斯为我准备了一份意义重大的礼物：我在亚特兰大办公室里的一幅装饰画。

晚餐进行到一半时，我告诉他，我也准备了一份礼物，那就是我的一些思考：是我在为世界最大的公司——可口可乐公司——工作的36年中，我所学到的最重要的5件事。

我从口袋里掏出那张写有5句话的小纸条，递给他说："如果你愿意的话，打开看看吧。"

里面写的是：

- 生活就是学会如何把事情抛之脑后。

- 我们注定要被遗忘。

- 我们不应该低估善意和支持的力量。

- 要正直，即使它会让你显得不那么随和。

- 永远不要等太久才表示感谢。

在他看着这张纸条时，我开始向他解释这些观点背后的原因。

■ 想法1：生活就是学会如何把事情抛之脑后

随着年龄的增长，事情开始变得沉重，在物质社会中，人们不可避免地会产生成本和担忧。我们必须学会清空负担，轻装上阵。同样，你会慢慢失去身边的人。当我还是个孩子的时候，我的父母有一大帮的朋友。在我家，文化界的人进进出出，因此家中常备有薯片或者煎饼，我和兄弟们会在客人离开后出来吃。随着父母年龄的增长，聚会越来越少。到我父亲去世时，几乎没有人来看我们了。对他们来说，他们的孤独是一种友好的孤独。

年轻的时候，人们需要生活在一个有朋友的环境中，即使周末不一定能见到彼此，朋友也会为人们的生活增添色彩。但是随着时间的推移，我们在社交中就越来越不活跃了，我们会将更多的时间留给自己。

在人生之路的尽头，我们将独自面对一面镜子。镜子里只有自己，没有财富或同伴。要是你能明白这一点，在人生的终点，你就不会感到悲伤。

在企业里，很多人在升职的时候，会将自己困在之前的工作中，表示自己还在工作。必须学会相信自己的继任者，要在新的责任中展望未来。还要知道自己应该何时退休，把你爱的公司和品牌留给别人。

大多数人离职是为了逃避，比如，逃避他们的老板、那些不能令人信任的项目，或者逃避困难、恶劣的工作环境。我觉得这样是错误的，因为逃避代表着失败，会在人身上留下挫折的痕迹。如果你不喜欢周遭的环境，试着改变它吧。

当你达到顶峰时，当你完成了所有的目标时，当你没有理由逃跑时，当你将责任交给下一任时，你就可以离开公司了。

最重要的是，你能够决定自己什么时候离开，为什么离开，而不是被动离开。

■ 想法2：我们注定要被遗忘

当我在可口可乐泰国公司工作时（1992—1995年），我遇到一位退休的可口可乐高管，他偶尔会来拜访我们，并给我讲他在东南亚和西亚做生意的故事。他的名字叫维姆·芒比（Wim Mumby），是一名传教士的儿子，精通乌尔都语，是喜马拉雅山脉一位国王的儿子的监护人，也是当时（1986年）唯一一位被授予泰国国王白象勋章的白人。他曾经担任负责可口可乐亚洲事务的副总裁，于1998年去世。

10年后，在我去泰国的一次旅行中，我问我们的一些高管是否听说过他。他们不仅从来没有听说过他的名字，而且对他是谁也不感兴趣。有些悲伤，不是吗？我们死之后，"硬件"（身体）成为植物的养分，我们也要让"软件"（思想和行为）成为企业的养分。简而言之，我们必须接受这样的事实：我们最终都会变成——养分。

■ 想法3：我们不应该低估善意和支持的力量

我们常常在没有意识到的情况下给别人留下不可磨灭的印象（无论是消极的还是积极的）。2017年，在任命詹姆斯·昆西成为我的继任者之后，我参加了可口可乐董事长穆泰康在纽约的演讲会。最后，一位分析师（或记者，我不记得了）问他："你能告诉我，在你担任首席执行官的时候，你做过的最后悔的事是什么吗？"穆泰康沉思了一会儿，回答说："我后悔没有早两年把马科斯带到亚特兰大。"

我不太喜欢别人表扬或批评我。但我必须承认，这一次，我被深深地感动了。当时我没有跟穆泰康说任何话，我觉得他依然不知道这番话对我的影响。

■ 想法4：要正直，即使它会让你显得不那么随和

在我们的职业生涯中，每当要做出决定的时候，我们都会面临来自多方面的压力。在这种情况下，无论面临何种压力，都要将业务或品牌放在第一位。

每当我遇到这种情况时，我都会问自己同样的问题："如果企业或品牌会说话，它们会要求我做什么？"这是一种非常有效的操作，它总会给我足够的力量来面对所有的压力。如果出了错误，总有人要为自己的错误负责，而保证正直，会让我们的良心感到安慰。

■ 想法5：永远不要等太久才表示感谢

生活过得很快，我们的成就最终是别人帮助或推动我们学习的结

果。除了意外的插曲，没有什么是偶然发生的。

因此，在结束这本书时，我要感谢所有曾经是我的团队成员的人。

我要感谢他们所有人，感谢我的"海盗船员"，感谢他们对我的信任，感谢他们的奉献、勇气、耐心和智慧。

他们中的一些人已经不在我们身边了，但我希望无论他们在哪里，都能得到我给他们的拥抱。

致我所有的"船员"

在可口可乐公司的这些年里,我有幸与各种各样的人一起工作,我与无数老板、同事、灌装商、供应商、同行和有价值的人在我的生活中相遇。我从他们身上学到了很多。

我曾在罗伯托·格伊苏埃塔、道格·伊维斯特、内维尔·伊斯代尔、穆泰康的领导下工作,最终将我的职责交接给了詹姆斯·昆西。他们都是杰出的人。

但是我尤其深受西班牙灌装商的影响,他们都是特许经营权的拥有者(他们使我对品牌和业务充满热情,有时甚至超过了特许经营人本应有的热情),以及他们的各位经理,我一直与他们保持良好的关系。

我曾经直接向我的老板们汇报工作,无疑我欠他们很多。我要感谢穆泰康、詹姆斯·昆西、何塞·努涅斯·塞尔维拉、安德鲁·安格尔、埃米利奥·波廷和何塞·路易斯·卡永等人对我的信任。

还有一些人不是我的直接领导,但我很感激他们的爱和支持,比如胡安·安东尼奥·卡尔维特和胡安·曼努埃尔·桑兹·德·维库纳(Juan Manuel Sainz De Vicuna),他们都去世了。

　　无论是国际会议中，还是午夜的酒吧里，我从这些人身上学到了许多商业知识，这让我受益匪浅。为此，我再次向他们表示最衷心的感谢。

　　我也亏欠我的"船员"们太多了。谢谢我们的团队，他们是这段时间以来所有胜利的缔造者。

　　我要用我最大的努力，一个接一个地记住那些与我直接互动的人，向这群杰出的专业人士致以最诚挚的感谢和掌声。